暴力団排除条例で変わる市民生活

虎門中央法律事務所 [編]

発行 民事法研究会

はしがき

　平成23年10月１日に東京都と沖縄県で暴力団排除条例が施行され、全47都道府県で暴力団排除条例が施行されてから１年が経過しました。

　暴力団排除条例では、市民と事業者に対して、暴力団や暴力団員に対する利益供与やこれらの者の活動を助長する行為を禁止するとともに、市民や企業の暴力団排除の取組みを、自治体や警察が支援する体制を整備することが規定され、官民一体となって暴力団排除に取り組むことが掲げられています。

　暴力団排除条例の施行を受けて、企業をはじめとする事業者は、取引に入る前に取引相手方のスクリーニングを行い、契約書に暴力団排除条項を設けるなど、経済取引から暴力団を排除し、暴力団の資金源を断つ取組みをより一層強化しています。

　企業のみならず市民社会においても、同様に暴力団排除の気運は高まっており、たとえば、地域の自治会が中心となって祭礼行事から暴力団を排除する取組み等がなされています。

　しかし、暴力団排除の必要性や、実際に暴力団から不当要求を受けた際の具体的な対応等についての知識や理解が不足していれば、市民社会からの暴力団排除という目的を十分に達成できないばかりでなく、暴力団排除に取り組む市民が危険な目にさらされることにもなりかねません。

　本書は、主に市民の方を対象に、暴力団等の反社会的勢力排除のための基本的な知識、心構え、そして具体的な事例に対する対応策について、Ｑ＆Ａ形式でできるだけわかりやすく解説し、暴力団排除条例施行後、市民が具体的にどのような取組みをするべきかの、いわば道標となるべく執筆したものです。

　また、平成24年の暴力団対策法一部改正や、平成24年上半期の暴力団情勢（警察庁発表）など最新の情報をできる限り反映し、実務的な問題点にも踏み込んで言及しておりますので、企業のご担当者のニーズにも応えうるものと

はしがき

考えています。

　本書が、多くの方の手に取られ、市民社会から暴力団等の反社会的勢力の排除、ひいては安全で平穏な市民生活を確立するための一助となることを願っています。

　最後に、本書の作成にあたっては、その企画段階から校正、出版に至るまで、民事法研究会の軸丸和宏氏に大変なご尽力をいただきました。この場を借りて厚く御礼を申し上げます。

　　平成24年10月

虎門中央法律事務所
執筆者一同

第1部 総論

第1章 暴力団排除条例

Q1 暴力団排除条例とはどのような内容か......2
Q2 事業者による「威力利用の禁止」はどのような行為が違反となるのか......6
Q3 事業者による「助長取引の禁止」はどのような行為が違反となるのか......9
Q4 福岡県の条例では利益供与の禁止はどのように規定されているか......12
Q5 条例違反行為に対してはどのような制裁があるのか......15
Q6 事業者に条例が適用された事例にはどのようなものがあるか......17
Q7 契約書には暴力団排除条項を必ず導入しなければならないか......20
Q8 暴力団関係者か否かはどのように確認すればよいか......23
Q9 不動産取引に関する暴力団排除の内容はどのようなものか......25
Q10 暴力団関係者と交際があると公共工事を請け負うことができないのか......28

第2章 暴力団等の実態

Q11 暴力団とはどのような団体をいうのか......31
Q12 暴力団の特徴はどのようなものか......34
Q13 民事介入暴力・企業対象暴力・行政対象暴力とは何か......36
Q14 企業対象暴力における不当要求の実態はどのようなものか......38

第3章 暴力団等に対する法規制等

Q15 暴力団対策法とはどのような内容の法律か......41

- Q16　指定暴力団とはどのような団体か……45
- Q17　「企業が反社会的勢力による被害を防止するための指針」とはどのような内容のものか……48
- Q18　「反社会的勢力」とは具体的にはどのようなものか……51
- Q19　「政府指針」は具体的に何を求めているのか……53

第4章　外部専門機関との連携等

- Q20　反社会的勢力からの被害防止のためにどこに相談したらよいか……56
- Q21　なぜ弁護士にも相談したほうがよいのか……62
- Q22　暴力団関係者と対応するにはどのようなことに気をつければよいか……64

第2部　各　論

第1章　心構え

- Q23　暴力団員や暴力団関係企業であるかは、どこで確認できるか……68
- Q24　暴力団被害に遭わないためにどのようなことに気をつければよいか……72
- Q25　暴力団被害に遭ったとき他の暴力団に依頼して対抗してもよいか……75
- Q26　暴力団被害を未然に防ぐ方法を学ぶのによい方法はあるか……78
- Q27　暴力団対策法はどのように活用できるか……81
- Q28　暴力団被害に遭ったときはどこに相談すればよいか……86
- Q29　暴力団排除条項はどのように活用するのか……89
- Q30　暴力団排除条例が施行されたことによって何をしなければならないか……93

Q31　弁護士会の相談窓口ではどのような活動をしているか……96

Q32　暴力団被害に対する仮処分を活用した対応はどのようなものか……99

Q33　暴力団被害に対して法的対応をとる場合に費用の補助等はないか……102

Q34　暴力団排除について各業界ではどのように取り組まれているか……105

Q35　反社会的勢力との関係を遮断する社内体制はどのように整備すればよいか……109

Q36　暴力団幹部と交友関係をもっておいてもよいか……113

Q37　暴力団員との付き合いを謝絶する場合、どのように対応すればよいか……117

Q38　暴力団に対峙する際にはどのような心構えが必要か……121

Q39　企業における暴力団対策への意識改革はどのようにすればよいか……124

第2章　市民生活からの暴力団排除

第1節　不当要求への対応

Q40　反社会的勢力からの不当要求行為にどのように対応すればよいか……127

Q41　「みかじめ料」を要求されたらどのように対応すればよいか……131

Q42　暴力団員から因縁をつけられ、謝罪をしてしまったが、今後どのように対応すればよいか……135

Q43　暴力団員からの不当なクレームにどのように対応すればよいか……138

Q44　暴力団員の自動車に傷をつけて法外な要求をされているが従わなくてはならないか……141

Q45　ヤミ金融から借金したが弁済しなければならないか……145

目次

Q46 「借金を帳消しにしろ」と脅されているが、どのように対応すればよいか......149

Q47 暴力団の嫌がらせ行為で業務に支障を来しているがどのように対処すればよいか......152

Q48 契約締結前に相手方が反社会的勢力と判明したがどうすればよいか......155

Q49 NPO法人から寄附を強要されているが寄附をしても大丈夫か......158

Q50 理由なく立退要求を受けているがアパートから出ていかなくてはならないか......161

第2節　組事務所の排除、建物の明渡し

Q51 分譲マンションの1室にある暴力団組事務所を退去させられるか......164

Q52 賃貸マンションの1室が暴力団組事務所になっているが退去させられるか......167

Q53 マンションの管理規約の暴力団排除規定はどのようなものが効果的か......170

Q54 暴力団組事務所を町内から追放するのによい方法はあるか......173

Q55 暴力団員が自宅としてアパートに入居している場合に立退きを求められるか......177

第3節　関係遮断（組抜け等）

Q56 組から抜けたいと言っている暴力団員によいアドバイスはないか......180

Q57 自分の子どもと暴力団員の子どもとの友だち付き合いは問題ないか......183

Q58 兄が暴力団員である婚約者との婚約破棄は問題ないか......187

Q59 暴力団員が参加しているゴルフコンペに参加しても問題ないか......190

Q60 祭礼に暴力団が関係する的屋に出店させてもよいか......193
　第4節　暴力団の利用関係
Q61 公団住宅の賃貸借契約において名義貸しをしても問題ないか......196
Q62 銀行口座を開設するのに名義貸しをしても問題ないか......199
Q63 債権回収に暴力団員を利用してもよいか......202
Q64 立退交渉に暴力団関係者を利用してもよいか......205
　第5節　暴力団との交渉・裁判
Q65 振り込め詐欺に遭ったがお金を返してもらえるか......208
Q66 暴力団員からの債務免除の要求を受け入れてよいか......211
Q67 暴力団員の犯罪行為による被害に回復方法はあるか......214
Q68 暴力団被害の加害者を刑事立件するにはどのようにすればよいか......218
　第6節　迷惑行為
Q69 会社に対する街宣活動を止めるのに、どのように対応すればよいか......222
Q70 暴力団排除運動をしているため、付きまといなどを受けているがどのように対処すればよいか......225
　第7節　その他
Q71 債務整理の「無料相談会」に行っても大丈夫か......228
Q72 親族に暴力団組長がいるため部屋を借りられないのだが、どうすればよいか......231

第3章　経済活動からの暴力団排除

Q73 従業員が暴力団員であることが判明した場合、解雇できるか......235
Q74 暴力団関係者に生活必需品を販売することは利益の供与にあたるか......238
Q75 暴力団員が相手であっても問題のない契約はあるか......241

目次

Q76　暴力団組事務所のエアコン修理も利益供与に該当するか……244

Q77　債権回収の場面で暴力団員からの債務免除の要求に応じるべきか……248

Q78　継続的に委託していた業者が暴力団関係会社とわかったらどうすればよいか……251

Q79　契約書に暴力団排除条項がない場合に暴力団関係者との契約を解除できるか……254

Q80　ヤミ金融業者から借金をしていたようだが、返さなくてはならないか……257

第4章　行政関係での暴力団排除

Q81　暴力団員からの生活保護申請を受理すべきか……260

Q82　暴力団員から公営住宅の入居申請があった場合にどのように対処すればよいか……263

Q83　暴力団員からの公共工事の指名入札に関する強要に応じてよいか……266

Q84　復興事業への暴力団の参入を防止する方策はあるか……269

執筆者一覧……272

▷凡　例◁

暴力団対策法　　暴力団員による不当な行為の防止等に関する法律

政府指針　　「企業が反社会的勢力による被害を防止するための指針」
　　　　　　（平成19年6月19日犯罪対策閣僚会議幹事会申合せ）

第1部

総　論

第1章　暴力団排除条例

Q1　暴力団排除条例とはどのような内容か

> 最近、全国で「暴力団排除条例」が制定された、という話をよく耳にします。暴力団排除条例というのは、どのような内容の条例なのか、概要を教えてください。
> また、各都道府県の条例は、どこで調べればよいのでしょうか。

nswer

I　暴力団排除条例の概要

1　暴力団排除条例の目的と制定状況

(1) 目　的

　暴力団排除条例は、「暴力団を恐れないこと」、「暴力団に資金を提供しないこと」、「暴力団を利用しないこと」といったスローガンの下、社会から暴力団を排除することを目的としています。中でも、暴力団が企業や地方自治体の取引に介入して違法・不当な要求を行い、また、経済取引に紛れて不透明な資金獲得活動を行うなどしていることから、企業や地方公共団体の取引や事業活動から暴力団を排除することを主たる目的として、「暴力団排除条例」が都道府県などによって制定されています。
　このような目的を達成するために、暴力団排除条例の多くは、暴力団を取り締まるのみならず、事業者や地方自治体にも一定の責務を課す内容となっています。暴力団排除条例は暴力団に対する取締法規である暴力団対策法（Q15参照）の条例版と誤解されがちですが、暴力団のみならず事業者などにも

規制が及ぶ点で同法とは性質を異にしています。

(2) 制定状況

平成22年4月1日に福岡県で条例が施行されたのを皮切りに、各県で暴力団排除条例の制定・施行が進みました。

平成23年10月1日、最後に残されていた東京都と沖縄県で施行されたことにより、全国の都道府県で暴力団排除条例が出揃ったことになります。

現在では、都道府県のみならず市町村や特別区においても独自の暴力団排除条例を制定しようという動きがあり、すでに、福岡県、三重県、滋賀県、和歌山県など13県内では県内全市町村で制定されています。

2 暴力団排除条例の内容

(1) 条例の標準的な構成

では、暴力団排除条例とは、どのような内容なのでしょうか。

条例は、地方自治体が定める自主立法ですから、全国で暴力団排除条例が制定されたとはいえ、条例の個別の中身は、それぞれ異なる部分があります。

そのため、各都道府県の条例を一括りに説明することは難しいのですが、一般的に、暴力団排除条例は、次のような構成になっています。

【暴力団排除条例の標準的な構成】

　暴力団排除条例は、県や警察が推進すべき施策のほか、都道府県民や事業者の責務を定めています。

○公共工事からの暴力団排除

・県は、公共工事等、県の事業から暴力団を排除するために必要な措置を講じること。

○警察による保護措置

・警察は、暴力団から危害を加えられるおそれのある者に対して、保護措置を講じること。

○青少年の健全な育成を図るための措置

・学校等の周辺200m区域内において、暴力団事務所を新規に開設・運営してはならない。

○事業者による暴力団員等に対する利益供与の禁止等

⇒<u>暴力団の威力利用の対価としての利益供与の禁止（威力利用の禁止）</u>

　　・事業に関し、暴力団の威力を利用してはならない。

⇒<u>暴力団の活動を助長する利益供与の禁止（助長取引の禁止）</u>

　　・暴力団の活動を助長し、または暴力団の運営に資することを知って、暴力団員等に対して財産上の利益の供与をしてはならない。

⇒<u>契約の相手方が暴力団員等でないことを確認するよう努めること（属性確認義務）</u>

　　・暴力団の活動を助長するなどの疑いがある場合は、取引の相手方が暴力団員等でないことを確認するよう努めること。

⇒<u>暴力団排除条項の導入に努めること（暴力団排除条項導入義務）</u>

　　・契約の相手方が暴力団員等であると判明した場合は、相手方に無催告で契約を解除できる旨の条項を、契約に導入するよう努めること。

○不動産の譲渡等をしようとする者の講ずべき措置等（不動産譲渡等における暴排義務）

　　・不動産の譲渡等をしようとする者は、不動産契約の相手方に対して、当該不動産が暴力団事務所に利用されないことを確認するよう努めること

○条例に違反した場合の措置

　　・調査、勧告、公表、罰則など。

(2) 条例を確認する際のポイント

　条例は都道府県によって内容が異なりますが、それぞれの内容を確認する際は、以下の点に注意するとよいでしょう。

① 　規制を受けるのは、事業者に限られるのか、事業者に限られないのか。

②　「暴力団関係者」や「規制対象者」など、自治体や条文ごとに、問題にすべき相手方の範囲が異なるので、定義の規定を確認する。
③　規制の内容は義務か、努力義務か。
④　助長取引の禁止など、利益供与の禁止の条文は、特に注意して確認する。

　また、多くの場合、条例違反をして公安委員会から勧告を受けても、直ちに公表されるわけではありませんが、暴力団排除条例に対してはマスコミの関心も高いので、報道がされることもありうるということに留意しておきましょう。

Ⅱ　各都道府県の暴力団排除条例

　各都道府県でどのような暴力団排除条例が制定されているかは、各都道府県の警察本部のウェブサイトで調べるとよいでしょう。
　条文全文や、条例の骨子がわかるパンフレット、Q＆Aなどがアップロードされています。その他、条例についての問合せ先なども書かれています。

Q2 事業者による「威力利用の禁止」はどのような行為が違反となるのか

暴力団排除条例は、事業者が、「暴力団の威力を利用して利益供与すること」を禁止している、とのことです。
条文の内容と、どのような行為が違反行為になるのかを教えてください。

nswer

I 条文の内容

1 威力利用の禁止規定

ここでは、東京都の条例を参考に、事業者による暴力団の威力利用の対価としての利益供与の禁止について、解説します。

まず、これについて定めた東京都暴力団排除条例の24条1項では、以下のように規定されています。

（事業者の規制対象者等に対する利益供与の禁止等）

第24条 <u>事業者</u>は、その行う事業に関し、<u>規制対象者</u>が次の各号のいずれかに該当する行為を行うこと又は行ったことの対償として、当該規制対象者又は当該規制対象者が指定した者に対して、<u>利益供与</u>をしてはならない。

一 <u>暴力的不法行為</u>等

二 当該規制対象者が暴力団員である場合において、当該規制対象者の所属する暴力団の威力を示して行う<u>法第9条各号に掲げる行為</u>

三 暴力団員が当該暴力団員の所属する暴力団の威力を示して行う法第9条各号に掲げる行為を行っている現場に立ち会い、当該行為を

> 助ける行為

2 条文の文言の意味

　前記1の東京都暴力団排除条例24条1項に出てくる「事業者」には、個人事業者も含むすべての事業者が含まれます。また、本店所在地や事業所が東京都内にあるか否かにかかわらず、東京都内において事業活動を行う者は事業者に含まれます。

　次に、「規制対象者」とは、東京都暴力団排除条例の2条5号で詳細に定められていますが、おおまかには、暴力団員のほか、暴力団と持ちつ持たれつの関係にある者を指していると考えてください。すでに暴力団を離脱しているものの暴力団員と変わらない者、暴力団準構成員など、極めて暴力団員に近い者、フロント企業の役員や従業員などが含まれると考えておきましょう。

　そして、「利益供与」とは、東京都暴力団排除条例9条において、「金品その他の財産上の利益を供与すること」とされています。このうち、「供与」というのは、贈与と異なり、相当の対価を伴うものも含まれることに留意する必要があります。ですから、対価を得る前提で物品やサービスを提供しても「供与」にあたることになります。

　1号に書かれている「暴力的不法行為等」は、恐喝などの犯罪行為であり、2号に書かれている「法第9条各号に掲げる行為」とは、暴力団対策法（Q15参照）で定められている、みかじめ料の要求といった各種暴力的要求行為のことです。

Ⅱ 条例違反になる行為

1 概　要

　前記Ⅰで説明した条文の内容を簡潔にまとめますと、事業者は、暴力団員や暴力団と持ちつ持たれつの関係の相手に、犯罪や不当要求を行ってもらう

ことの報酬として、財産上の利益を与えてはならない、ということになります。

2 具体例

どのようなケースが条例違反となるのか、想定事例をご紹介しておきます。

① 金融業者が、恐喝をしてでも債権を取り立ててほしいと暴力団に依頼し、暴力団に謝礼として金銭を支払った場合

② 立ち退かないテナントを追い出すため、事業者が暴力団に追い出しへの協力を依頼し、謝礼として金銭を支払った場合

③ 風俗店が競争相手に対する強引な営業妨害を暴力団に依頼し、金銭を支払った場合

このような行為を続ける事業者には、東京都暴力団排除条例では罰則が課されることもあり得ます。罰則が課されない場合であっても、暴力団の威力を借りて、その対価を払うような事業者は自身が暴力団と持ちつ持たれつであると強い社会的非難を受けることになりますので、間違っても暴力団関係者を事業に利用することなどないようにしてください。また、仮に対価を支払うことがないとしても、暴力団の威力を利用するような行為が不当なのはもちろんです。実際、北海道暴力団排除条例などでは、対価の支払いが伴わない威力利用行為であっても禁止されています。

Q3 事業者による「助長取引の禁止」はどのような行為が違反となるのか

> 暴力団排除条例は、事業者が、「暴力団の活動を助長するような利益供与をすること」を禁止している、とのことです。
> どのようなことが禁止されるのか、よく理解しておく必要があると思いますので、条文の内容と、どのような行為が違反行為になるのかを教えてください。

I 条文の内容

1 助長取引の禁止規定

東京都の条例を参考に、暴力団の活動を助長するような利益供与（実務上「助長取引」といわれることが多いようです）の禁止について、解説します。

これについて定めた東京都暴力団排除条例24条3項では、以下のように規定されています。

（事業者の規制対象者等に対する利益供与の禁止等）

第24条

3　事業者は、第1項に定めるもののほか、その行う事業に関し、<u>暴力団の活動を助長し、又は暴力団の運営に資することとなることの情</u>を知って、規制対象者又は規制対象者が指定した者に対して、利益供与をしてはならない。ただし、法令上の義務又は情を知らないでした契約に係る債務の履行としてする場合その他正当な理由がある場合には、この限りでない。

9

2 条文の意味

Q2で、東京都暴力団排除条例24条1項に出てくる「事業者」や「利益供与」など重要な用語の意味は解説しましたので、ここでは、同条3項に出てくる、「暴力団の活動を助長し、又は暴力団の運営に資することとなる」の意味を説明します。

暴力団員が日常生活を送るにあたっての個人的な行為であれば、これが暴力団の活動や運営にあたることは基本的にありません。たとえば、夕飯のために弁当を買いに来た暴力団員に弁当を1個売ったとしても、それが暴力団の活動や運営に何か影響するということは考えにくいところです。

他方、組事務所での会合などに際して、50個とか100個といった数の弁当を提供する場合であれば、組織的な活動に便益を与えるものといえますので、暴力団の活動や運営を助長するものと考えられます。

この点、何個であれば助長取引に該当しうるかは明確な線引きが難しいところです。結局、助長取引に該当するか否かは、取引相手方と暴力団との関係の濃密さ、取引により提供される利益の内容、規模や継続性などの事情から、その取引が暴力団の活動を助長したり、その運営に資することになるか否かを個別具体的に検討して判断していくことになります。

Ⅱ 条例違反になる行為の具体例

それでは、どのような取引であれば、助長取引に該当するのでしょうか。助長取引として条例違反となりうる想定事例をご紹介しておきます。以下のような行為を、相手方が暴力団関係者であることを認識しつつ行う場合、助長取引に該当することになると考えられます。

① 暴力団員に金品を贈与する行為
② 内装事業者が、暴力団事務所であることをわかったうえで、暴力団事務所の内装工事を行う行為
③ 飲食店経営者が、暴力団組長の襲名披露のパーティーに使われること

を知って、宴会場を貸す行為
④　印刷業者が、暴力団員の名刺や組織で出す年賀状等の書状を印刷する行為

Ⅲ　条例違反とならない行為の具体例

1　法令上の義務がある場合

　電気、ガス、水道は、法律上、事業者に供給義務があります。ですから、電気やガスを供給しても、条例違反となることはありません。

2　宅配ピザの配達

　しばしば、想定事例としてあげられる例ですが、個人的な食事であれば、宅配ピザを届けても条例違反を問われることはありません。

　しかし、たとえば組員の出所祝いの会への配達であれば、それを知りながらピザを届けると条例違反に該当する可能性があります。

　上記の弁当の例と同様、線引きが難しいところですが、日常生活に必要となるような物品の提供で、それらの数量に照らして、通常、個人で費消され尽くすものと評価できるような場合であれば、助長取引にはあたらないといえるでしょう（Q74参照）。

Q4　福岡県の条例では利益供与の禁止はどのように規定されているか

> 利益供与の禁止について、東京都以外の県の暴力団排除条例では、どのような規定になっているか、他の県の例を教えてください。

Answer

　全国に先駆けて暴力団排除条例が施行になった、福岡県暴力団排除条例では、利益供与の禁止がどのように規定されているか、みてみましょう。

I　暴力団の威力を利用する利益供与の禁止

1　条　文
福岡県暴力団排除条例では、以下のように定められています。

> （利益の供与等の禁止）
> 第15条　事業者は、その行う事業の円滑な実施を図るため、<u>暴力団員等</u>又は暴力団員等が指定した者に対し、次に掲げる行為をしてはならない。
> 　一　暴力団の<u>威力を利用する目的</u>で、<u>金品その他の財産上の利益の供与</u>（以下単に「利益の供与」という。）をすること。
> 　二　暴力団の<u>威力</u>を利用したことに関し、<u>利益の供与</u>をすること。

2　禁止されている行為とこれに対する制裁
　福岡県暴力団排除条例では、利益供与の相手方である「暴力団員等」とは、暴力団員、元暴力団員を指します（福岡県暴力団排除条例2条で、「暴力団員又は暴力団員でなくなった日から5年を経過しない者」と定められています）。
　そして、事業者が、暴力団の威力を利用することに対して暴力団員や元暴

力団員に利益供与をすることを禁止しています。

　具体的には、暴力団組長に、マンション建設反対という住民運動を抑えてもらうためにお金を出すことや、何かあったときに世話になるために暴力団員に観葉植物のリース料（これは飲食店などにとって用心棒代となります）を払う、といった場合が該当します。

　そして、これに違反した場合は、罰則が適用されます。

Ⅱ　暴力団の活動を助長する利益供与の禁止

1　条　文

福岡県暴力団排除条例では、以下のように定められています。

第15条
2　事業者は、前項に定めるもののほか、その行う事業に関し、<u>暴力団の活動又は運営に協力する目的で</u>、暴力団員等又は暴力団員等が指定した者に対し、<u>相当の対価のない利益の供与</u>をしてはならない。
3　事業者は、前２項に定めるもののほか、その行う事業に関し、暴力団員等又は暴力団員等が指定した者に対し、<u>情を知って、暴力団の活動を助長し、又は暴力団の運営に資することとなる利益の供与</u>をしてはならない。ただし、法令上の義務又は情を知らないでした契約に係る債務の履行としてする場合その他正当な理由がある場合は、この限りでない。
4　事業者は、その行う事業に関し、暴力団員等に対し、不当に優先的な取扱いをしてはならない。

2　禁止されている行為、制裁

（1）違反類型

福岡県暴力団排除条例には、前記１の条文のとおり、おおまかに３つの違

反類型が定められています。

15条2項には、たとえば、事業者が暴力団に協力する目的で、金銭の贈与をする場合があたります。

15条3項には、東京都暴力団排除条例における24条3項と同様、事業者が暴力団の活動に資するとわかっていながら利益供与する場合、たとえば、出所祝いの会場を有料で貸す場合などがあたります。

15条4項は、金品その他の財産上の利益の供与といえないけれども、事業者が暴力団を特別扱いする行為を禁止しています。

(2) 制　裁

前記(1)のうち、2項の違反には、公安委員会の勧告・公表という制裁がありますが、3項、4項の違反には、制裁の規定はありません。

もっとも、制裁がなくても、社会的な非難といったリスクがありますので、違反をしないようにすべきことはもちろんです。

Q5 条例違反行為に対してはどのような制裁があるのか

暴力団の威力を利用したり、暴力団の活動を助長するような利益供与が禁止されていることはわかりましたが、違反行為に対しては、どのような制裁があるのでしょうか。

I 威力利用の禁止

1 東京都暴力団排除条例の制裁のしくみ

東京都暴力団排除条例における、暴力団の威力を利用する対価として利益供与を行った場合の制裁の概要は、以下のとおりです。

東京都公安委員会からの 勧告
↓
勧告を受けた日から1年以内に再度の利益供与違反があれば、公表
↓
公表の日から1年以内に再度の利益供与違反があれば、東京都公安委員会からの 命令
↓
命令に違反した場合には、罰則（1年以下の懲役または50万円以下の罰金）

このように、公安委員会の勧告のあとにも違反行為を繰り返すと、事業者名が公表されることになります。

15

2 他県の制裁のしくみ

なお、福岡県暴力団排除条例では、暴力団の威力を利用して利益供与した場合は、勧告などを経ずに、直接、罰則が適用される、という規定になっています。

他の県の暴力団排除条例では、公安委員会の勧告、勧告に従わないときは公表、という制裁が一般的です。

II 助長活動の禁止

1 東京都暴力団排除条例の制裁のしくみ

東京都暴力団排除条例における、暴力団の活動を助長するような利益供与を行った場合の制裁の概要は、以下のとおりです。

東京都公安委員会からの 勧告
　　↓
勧告を受けた日から1年以内に再度の利益供与違反があれば、公表

暴力団の威力を利用する場合と異なり、命令や刑事罰の制裁はありません。

2 他県の制裁のしくみ

たとえば、福岡県暴力団排除条例では、暴力団の活動を助長するような利益供与の禁止に違反しても、勧告や公表といった制裁規定はありません。

もっとも、レピュテーション・リスクを負うことなども十分に考えられますので、制裁がないから行っても問題ないと安易に考えることが禁物なのはもちろんです。

Q6　事業者に条例が適用された事例にはどのようなものがあるか

> 暴力団に対する利益供与の禁止で、実際に事業者に条例が適用されて勧告などがされた事例として、どのような事例があるのでしょうか。
> また、取引時において相手方が暴力団員等の規制対象者であることを知らなかった場合であれば、問題はないのでしょうか。

*A*nswer

I　暴力団への利益供与で勧告を受けた事例

1　暴力団の助長活動としての利益供与で勧告を受けた具体例

どのような行為が暴力団の活動を助長する利益供与、すなわち助長取引に該当するのかについては、明確な基準があるものではありませんが、以下のような実際の違反事例を参考にして、助長取引についてのイメージをもっていただければと思います。

まず、暴力団排除条例に基づいて、暴力団の活動を助長する利益供与があったとして事業者が勧告を受けた事例としては、以下のものがあげられます。

①　暴力団員に対して無償で洗車サービスを提供していたガソリンスタンドの責任者が勧告を受けた事例（平成22年10月、愛媛県）

②　組事務所の内装工事を請け負った内装業者に対して、県公安委員会が勧告をした事例（平成23年4月、大分県）

③　暴力団員からの要請に基づいて、事業所の敷地内の駐車場に暴力団の車両3台を無償で駐車させた事業者に対して、県公安委員会が勧告をした事例（平成23年5月、愛知県）

④　暴力団の行事に場所を提供したとして、県公安委員会が飲食店に勧告した事例（平成23年6月、神奈川県）

⑤　暴力団が資金集めや勢力拡大のために行う葬儀を請け負った葬祭業者に対して勧告がなされた事例（平成24年4月、静岡県）

　これらの事例において、勧告を受けた事業者は、自ら進んで助長取引を行ったのではなく、断ろうにも、恐くてまたはトラブルを避けるために、やむを得ず応じてしまった例もあると思われます。しかし、そのような場合であっても、条例違反にはなりますのでご留意ください。

　2　暴力団の威力利用としての利益供与で勧告を受けた事例

　次に、暴力団排除条例は、助長活動としての利益供与のほかにも、規制対象者の威力を利用して、これに対する対償として利益供与することを禁じていますが、事業者がこれに反して勧告を受けた事例としては、「建設業者の代表者が、暴力団組長に仲介を依頼して、暴力団の威力を利用して、解体工事の契約をとり、謝礼に現金を供与したことから勧告を受けた事例（平成23年8月、大阪府）」があげられます。

　3　条例違反の場合の制裁

　東京都暴力団排除条例をはじめ、暴力団排除条例では、勧告にもかかわらず暴力団の活動を助長する取引を続ける事業者ついて、「公表」という制裁を予定していますので、十分に留意する必要があります。

　また、「公表」に至らない場合でも、現在、暴力団排除条例は全国で施行され、条例の適用について大変注目されている状況ですので、マスコミ報道がなされないともいえません。この点からも、すぐには公表されないからよい、と考えないようにする必要があります。

Ⅱ　暴力団の助長取引ということを知らなかった場合

　1　問題点

　東京都暴力団排除条例24条3項は「情を知って」する取引を規制しており、暴力団の活動や運営を助長すると知らずになされた取引は、勧告・公表の対象とはなりません。そうすると、「知らなかった」と弁明すれば、問題がな

いようにも考えられます。

2　取引の相手方の属性を確認する義務

しかし、暴力団を助長する取引と知らなかったとしても、問題がないとはいえません。というのも、暴力団排除条例は、暴力団の活動を助長する取引に該当する疑いのある契約の場合は、事業者に対し、契約の相手方等が暴力団関係者でないことを確認するよう努力する義務を課しており（属性確認義務）、助長取引に該当することを知らなかったという場合には、この努力義務を尽くしていたか疑問視されることになりかねないためです。

現在の暴力団排除の社会的気運からすれば、取引の相手方が規制対象者であることの確認を行わないまま、助長取引を行い、「知らなかった」と弁明したとしても、コンプライアンスの観点から問題のある企業というレピュテーション・リスクを招く可能性があると考えられます。したがって、努力義務とはいえ、取引の相手方の属性確認には、十分に意を払う必要があります。

Q7 契約書には暴力団排除条項を必ず導入しなければならないか

> 暴力団排除条例は、契約書に暴力団排除条項を導入するよう義務づけた、と聞きました。契約書には必ず暴力団排除条項を入れなければならないのでしょうか。
>
> 暴力団排除条項のひな形や内容も知りたいのですが、何を見ればよいでしょうか。

Answer

I 暴力団排除条項の導入の努力義務

1 条例の規定

(1) 条文例

暴力団排除条例では、東京都暴力団排除条例に限らず、暴力団排除条項の導入についての規定があります。

ここでは、参考に、東京都暴力団排除条例を抜粋して紹介します。

> （事業者の契約時における措置）
> 第18条
> 2 事業者は、その行う事業に係る契約を書面により締結する場合には、次に掲げる内容の特約を契約書その他の書面に定めるよう努めるものとする。
> 一 当該事業に係る契約の相手方又は代理若しくは媒介をする者が暴力団関係者であることが判明した場合には、当該事業者は催告することなく当該事業に係る契約を解除することができること。

(2) すべての契約書に暴力団排除条項が必要か

　この条文からわかるとおり、事業者は、契約書に、契約の相手方が「暴力団関係者」であることが判明した場合には契約を催告なく解除できる、という特約、すなわち暴力団排除条項を導入すること、とされています。

　この規定は、事業者に、暴力団排除条項を導入するよう努力する義務を課しているので、現在、事業者が使用している契約書すべてに必ず暴力団排除条項を入れなければならない義務があるわけではありません。

　また、契約書に暴力団排除条項がないからといって、勧告や公表などの制裁を受けることも予定されていません。

2　暴力団排除条項導入の意味

　しかし、暴力団排除条項を導入することには、次のような意味があります。

　まず、契約後に、相手方が暴力団員等とわかった場合に、契約書に暴力団排除条項があれば、契約関係を解消するための根拠となります。逆をいえば、暴力団排除条項がない場合、相手方が暴力団員等であると判明しても、契約関係を解消できないことになりかねません。

　また、契約書に暴力団排除条項を導入しておくことによって、事前に、暴力団関係者が取引関係に入ってくることを抑止する効果も期待できます。

II　暴力団排除条項の内容

　暴力団排除条項により、暴力団と関係遮断を行うには、契約締結後に契約相手が暴力団員等であることがわかった場合には当該契約を解除することができるように、契約書に特約条項を設けておくとともに、契約の際、相手方から、自分が暴力団員や暴力団関係者でないことを表明、確約する書面を求めておくと、後に相手方が暴力団関係者であると判明したとき、関係遮断を行うことができます。

　暴力団排除条項の例は、現在、各種業界団体、各都道府県警、各都道府県の暴力追放運動推進センターのウェブサイトなどで、契約内容や業態ごとに

分けて案文が紹介されていますので、そうした例を参考にするとよいでしょう。

Q8　暴力団関係者か否かはどのように確認すればよいか

> 　暴力団排除条例は、助長取引となる疑いがある場合には、相手方が「暴力団関係者」ではないことを確認するよう、努力義務を定めているとのことです。
> 　ところで、暴力団関係者か否か、ということは、どのように確認すればよいのでしょうか。

*A*nswer

I　データベースの構築、インターネットの利用等

　暴力団関係者の属性確認の具体的方法については、まず、新聞記事検索サービスなどで検挙情報を確認するなど、インターネット上で取引先に関する情報を収集し、それらの情報を基に判断していくという方法があります。

　また、事業者ごとで、反社会的勢力に関する情報を集約したデータベースを構築し、同データベースに取引先情報を照合することで属性確認を実施する、という方法もあります。より充実したデータベース構築のためには、業界全体で協力して共用できるデータベースを構築していくことが望ましく、実際にそのような取組みを開始している業界団体もあります。

　属性の確認については、以上のような方法がありますが、これらの方法のいずれか1つによって確実に暴力団関係者を排除できるということはあり得ませんので、できるだけ重畳的に実施することが望ましいといえます。

II　警察への問合せ

1　通達改正による、情報提供範囲の拡大

　暴力団関係者か否かは、警察に問い合わせることもできます。

従前、警察からの暴力団情報の部外提供は、かなり限定されていました。しかし、最近、警察庁の通達が改正され、事業者に暴力団情報を提供する場合と範囲が拡大されることになり、暴力団排除条例の義務履行の支援に資する場合にも、必要に応じ、情報提供がなされることになりました（平成23年12月22日警察庁刑事局組織犯罪対策部長名通達）。

　警察が情報提供する対象者の範囲も、従前は、暴力団員や準構成員などに限定されていましたが、上記の改正された通達では、暴力団員、暴力団準構成員、元暴力団員、共生者、暴力団員と社会的に非難されるべき関係を有する者、総会屋、社会運動等標ぼうゴロへの該当性について、情報提供されることとなりました。ただし、無条件で情報提供されるのではなく、情報提供に先立ち、条例上の義務を履行するために必要か、個人に関する情報ではなく他の情報提供で足りないか、などが検討されることになります。

2　問合せ先

　警察への問合せ先については、具体的には、最寄りの警察署、各都道府県警察本部の暴力団排除の担当課（暴力団対策課、組織犯罪対策第三課など、各都道府県で名称が異なります）、各都道府県の暴力団追放運動推進センターなどに相談することができます。

Q9 不動産取引に関する暴力団排除の内容はどのようなものか

> 私は、自分の土地にアパートを持っていて、テナントに貸しています。暴力団排除条例では、不動産取引をする場合についても規定があるとのことですが、どのような内容なのでしょうか。

*A*nswer

Ⅰ 条文の内容、趣旨

暴力団排除条例では、不動産譲渡等における暴力団排除について定められていますが、これは、暴力団事務所が開設されないようにするための条文です。

ここでは、東京都暴力団排除条例をご紹介します。

（不動産の譲渡等における措置）

第19条 都内に所在する不動産（以下「不動産」という。）の譲渡又は貸付け（地上権の設定を含む。以下「譲渡等」という。）をする者は、当該譲渡等に係る契約を締結するに当たり、当該契約の相手方に対し、当該不動産を暴力団事務所の用に供するものでないことを確認するよう努めるものとする。

2 不動産の譲渡等をする者は、当該譲渡等に係る契約を書面により締結する場合には、次に掲げる内容の特約を契約書その他の書面に定めるよう努めるものとする。

一 当該不動産を暴力団事務所の用に供し、又は第三者をして暴力団事務所の用に供させてはならないこと。

二 当該不動産が暴力団事務所の用に供されていることが判明した場

合には、当該不動産の譲渡等をした者は、催告することなく当該不動産の譲渡等に係る契約を解除し、又は当該不動産の買戻しをすることができること。

II 条文の意味

1 個人にも適用

　まず、不動産取引からの暴力団排除の条文で注意をすべきなのは、事業者に対して暴力団への利益供与を禁止している条文とは異なり、規制の対象とされているのが「不動産の譲渡等をする者」とされている点です。すなわち、事業者のみならず、不動産の譲渡や賃貸しようとする個人も含まれます。

2 義務の内容

　何が義務づけられているかというと、まず、都内に所在する不動産を譲渡または賃貸しようとする者は、対象不動産が暴力団事務所として利用されることのないように、不動産の用途を確認するようにしなければなりません。たとえば、東京都暴力団排除条例ですと、学校等の周辺200m区域内において、暴力団事務所を新規に開設・運営してはならないという規制がありますので、まずは、当該不動産の周辺200m区域内に学校等が存在するか否かを確認するとよいでしょう。そして、200m区域内に学校等が存在しない場合には、暴力団事務所とされる危険が比較的高いといえることになりますので、より入念に用途をチェックする必要があると思われます。

　また、あわせて、契約書には、暴力団事務所としての使用を禁じるという特約をおき、もし暴力団事務所として使用されていることが判明した場合には、契約の解除や買戻しができるという特約を設けることが求められています。

3 努力義務

　不動産取引における暴力団排除の条文は、「努力するものとする」とされ

ており、努力義務ですので、勧告や公表といった制裁はありません。

　もっとも、事業者が暴力団事務所に利用されているとわかっていながら譲渡・賃貸を行えば、勧告・公表等の制裁がある、暴力団の活動を助長する利益供与禁止が問題となりますので、留意する必要があります。

Q10 暴力団関係者と交際があると公共工事を請け負うことができないのか

> 私の会社は、県の公共工事を請け負っていますが、暴力団関係者と交際があると、公共工事を請け負うことはできないのでしょうか。
> 私の幼なじみには暴力団員がいて、同窓会で会うこともあるため気になっています。

*A*nswer

I　条文の内容（都道府県の責務）

暴力団排除条例では、暴力団関係者を公共工事の入札に参加させないなど、公共事務・事業から暴力団排除することが定められています。ここでは、東京都暴力団排除条例7条1項を紹介しましょう。

> （都の事務事業に係る暴力団排除措置）
> 第7条　都は、公共工事その他の都の事務又は事業により、暴力団の活動を助長し、又は暴力団の運営に資することとならないよう、都が締結する売買、貸借、請負その他の契約（以下「都の契約」という。）及び公共工事における都の契約の相手方と下請負人との契約等都の事務又は事業の実施のために必要な都の契約に関連する契約（以下この条において「関連契約」という。）に関し、当該都の契約の相手方、代理又は媒介をする者その他の関係者が暴力団関係者でないことを確認するなど、暴力団関係者の関与を防止するために必要な措置を講ずるものとする。

条文の内容を簡潔に説明しますと、都は、都との直接の契約者だけでな

く、その下請契約についても、暴力団関係者でないことの確認をするなどの措置をとるものと定めています。また、東京都暴力団排除条例7条2項以下では、契約書への暴力団排除条項の導入や、暴力団関係者と判明した場合の契約解除などの暴力団排除の措置といった事後的措置についても定められています。

　いずれにせよ、東京都暴力団排除条例上は、暴力団関係者が契約関係に介入しない限りは、仮に、あなたが暴力団関係者と交際しているとしても公共工事を請け負うことができなくなるということはありません。

　もっとも、自治体によっては、公共工事からの暴力団排除に積極的に取り組んでおり、暴力団排除措置要項等に基づき、暴力団と一定の関係を有する業者を入札の指名の対象から排除していますので、暴力団排除条例の規制の有無にかかわらず、暴力団関係者との交際などには格別に慎重になるべきといえます。

Ⅱ　暴力団関係者とは

1　密接な関係を有する者

　それでは「暴力団関係者」とは、暴力団とどのような関係にあるものをいうのでしょうか。この点、東京都暴力団排除条例を参考にみてみますと、「暴力団関係者」について、暴力団員や暴力団と「密接な関係を有する者」と定義していますが、これ以上具体的にはされていません。

　もっとも、警視庁が公開している東京都暴力団排除条例Q&Aは、「密接な関係を有する者」について以下のような例をあげています。

①　暴力団または暴力団員が実質的に経営を支配する法人等に所属する者
②　暴力団員を雇用している者
③　暴力団または暴力団員を不当に利用していると認められる者
④　暴力団の維持、運営に協力し、または関与していると認められる者
⑤　暴力団または暴力団員と社会的に非難されるべき関係を有していると

認められる者

2　暴力団または暴力団員と「社会的に非難されるべき関係を有している者」とは

では、前記1⑤に出てきました、「暴力団または暴力団員と社会的に非難されるべき関係を有している者」とは、どういった場合をいうのでしょうか。

この「暴力団員と社会的に非難される関係」の内容については、大阪地方裁判所が以下のような判示をしており、東京都暴力団排除条例Q＆Aにおいても、同判示内容に従って、同内容の例示がなされています。

① 相手方が暴力団員であることをわかっていながら、その主催するゴルフ・コンペに参加している場合

② 相手方が暴力団員であることをわかっていながら、頻繁に飲食を共にしている場合

③ 誕生会、結婚式、還暦祝いなどの名目で多数の暴力団員が集まる行事に出席している場合

以上のような例に照らせば、たとえば、幼なじみである暴力団員と同窓会で会うなどしても、あなたが暴力団関係者とみなされるようなことはないといえます。もっとも、同窓会を契機に頻繁に飲食を共にするようになると話は変わってきますので、この点にはくれぐれも注意してください。

Q11 暴力団とはどのような団体をいうのか

第2章　暴力団等の実態

Q11　暴力団とはどのような団体をいうのか

最近、マスコミでも「暴力団」との関係がしばしば問題にされていますが、「暴力団」とは、どのような団体のことをいうのですか。暴力団は、警察の取締りによって減っているのではないのですか。

Answer

I　暴力団とは

1　暴力団の定義

暴力団は、法律で、「その団体の構成員（その団体の構成団体の構成員を含む。）が集団的に又は常習的に暴力的不法行為等を行うことを助長するおそれがある団体」（暴力団対策法2条2号）と定義されています。

ここで、「団体の構成団体の構成員を含む」とあるのは、暴力団は、親分と子分によって組織されるところ、一般に、団体（一次団体）における子分がさらに自分の子分を束ねて団体（二次団体）を結成し、その団体の子分がさらに自分の子分を束ねて団体（三次団体）を結成するというように、重層的に団体が団体を構成していくピラミッド構造を有しているためです。

暴力団は、資金獲得のためなら手段を選びません。恐喝や覚せい剤取引、賭博といった伝統的な資金獲得活動で資金を得ているほか、最近では、証券取引に介入したりIT技術を駆使してカジノ運営をしたりと高度な専門知識を要するような方法にまで、その資金獲得活動を多様化させています。

2　暴力団員の特徴

暴力団員の特徴をいくつかあげます。

まず、不当な資金を得るためのネタ探しをしています。目的達成のためには、手段を選ばず、ここが弱いと思うところを執拗に責めてきます。

また、なめられた、メンツを潰された、と考えると、強く反発します。

暴力団員等と応対しなければならない場合には、以上のようなことに留意しておく必要があります。

II　暴力団の勢力

1　暴力団員・暴力団準構成員の推移

暴力団員・暴力団準構成員の総数は、警察の取締りや暴力団排除条例の影響によって、現在、減少傾向にあります。最近では、暴力団排除条例によって、暴力団員は経済活動が制限され、資金獲得活動も困難になり、そのため暴力団から脱退する者が急増しているといわれています。

しかし、それでも暴力団員・暴力団準構成員の総数は、依然として約7万人もの勢力を誇っています（〈図1〉参照）。

2　組織別の割合

最近の暴力団は、大規模暴力団による寡占化が進んでいます。

中でも、六代目山口組、稲川会、住吉会の3団体で、全体の7割強を占めており、大規模団体は、全国各地に勢力を伸ばしています。

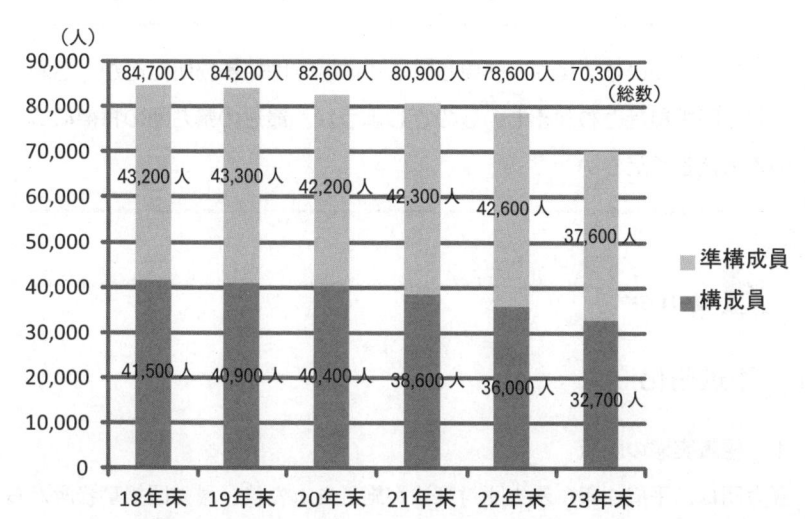

Q11 暴力団とはどのような団体をいうのか

〈図1〉 暴力団構成員等の推移（平成23年末現在）

年末	総数	構成員	準構成員
18年末	84,700人	41,500人	43,200人
19年末	84,200人	40,900人	43,300人
20年末	82,600人	40,400人	42,200人
21年末	80,900人	38,600人	42,300人
22年末	78,600人	36,000人	42,600人
23年末	70,300人（総数）	32,700人	37,600人

※数値は警察庁組織犯罪対策部による「平成23年の暴力団情勢（確定値版）」に依拠しています。

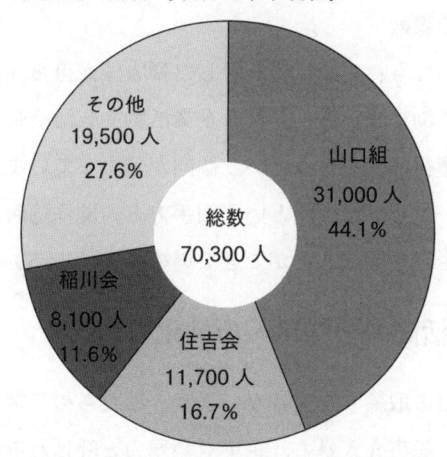

〈図2〉 組織別の割合（平成23年末現在）

総数 70,300人
- 山口組 31,000人 44.1%
- 住吉会 11,700人 16.7%
- 稲川会 8,100人 11.6%
- その他 19,500人 27.6%

※数値は警察庁組織犯罪対策部による「平成23年の暴力団情勢（確定値版）」に依拠しています。

Q12　暴力団の特徴はどのようなものか

> 暴力団についてですが、一見してここは暴力団組事務所だとか、名刺で暴力団組員だとわかるものなのでしょうか。最近の暴力団の特徴について教えてください。

Answer

I　不透明化

1　組織実態の隠蔽

　暴力団は、平成4年に暴力団対策法が施行された後、暴力団組事務所から看板などを撤去し、組員名簿に組員の名前を記載しないとか、組の名前を示す名刺を使用しないなどといった対応をするようになりました。

　このように、暴力団は、組織の実態を隠蔽する傾向が強まっています。

2　活動実態の隠蔽

　活動実態についても、巧妙に姿を隠した暴力団が自ら経営に関与する企業等を通じて事業活動に食い込んだり、企業活動や政治活動、社会運動を巧みに装って、資金獲得活動を行うという傾向が強まっています。

　したがって、一見して暴力団という相手方との関係遮断だけでは、不当要求等の被害から企業を守ることができないのです（〈図3〉参照）。

II　資金獲得活動の多様化・巧妙化

　暴力団は、警察の取締りを受けないよう、私たちの日常生活や健全な経済活動に介入する、民事介入暴力、企業対象暴力と呼ばれる活動をしたり、行政機関を対象に不当な行為を行う行政対象暴力を行ったりしています。

　暴力団が資金獲得活動を多様化、巧妙化させるようになったため、普通の

市民や企業は、いつ暴力団の被害に巻き込まれるとも限らない、ということを意識していく必要があるのです。

〈図3〉　暴力団の最近の特徴的傾向①――不透明化

〔組織実態の隠蔽〕

⬇

代紋や組織名が入った名刺を使わない等

〔活動実態の隠蔽〕

⬇

表社会の経済活動、NPO団体を利用する等

⬇

暴力団や暴力団員の関係遮断では企業を守れない。

〈図4〉　暴力団の最近の特徴的傾向②――資金活動の多様化

S30年代
ヤクザ、極道の時代（伝統的資金源活動）
↓
覚せい剤取引、恐喝、賭博など

S40年～50年代
高度経済成長期、暴力団の組織化
↓
伝統的資金獲得活動に加え、民事介入暴力、企業対象暴力へ

バブル経済期
活動の巧妙化、フロント企業化
↓
伝統的資金獲得活動、民事介入暴力、企業対象暴力に加え、不動産取引への介入（地上げ等）など

バブル経済崩壊後～現在

資金獲得活動の巧妙化、多様化
↓
新たに、建設業、産廃業等の事業活動への進出、各種詐欺事犯など

Q13 民事介入暴力・企業対象暴力・行政対象暴力とは何か

> 民事介入暴力、企業対象暴力、行政対象暴力は、どのようなことを意味するのでしょうか。また、民事介入暴力等は、何が問題なのでしょうか。

Answer

I 民事介入暴力

「ミンボー」という言葉を聞いたことはあるでしょうか。このミンボーは、「民事介入暴力」を略したものです。

民事介入暴力という言葉は、法律上定義されている用語ではないのですが、一般には、

① 交通事故の示談
② 債権の取立て
③ 地上げ
④ 企業の倒産整理

といった民事紛争の一方当事者に暴力団員等が介入し、暴力団の威力をちらつかせて、相手方の恐怖心に付け込み、不当な要求を行って、不正な利益を得ようとすることをいいます。

暴力団は、活動領域を拡大させ、恐喝や覚せい剤取引、賭博といった伝統的な資金獲得活動のみならず、民事介入暴力による資金獲得活動も活発化させていきましたが、民事介入暴力のうち、典型的なものは、平成3年に制定された暴力団対策法（Q15参照）によって規制されました。

II 企業対象暴力

暴力団は、政治活動や社会運動を仮装して、合法的な活動を装いながら、

企業活動に介入して、暴力団の威力を利用して不当な利益を得ています。

また、企業の弱点を突いて金品を脅し取るといった、企業恐喝も敢行しています。

暴力団は、企業等に対して、いわれのない誹謗中傷、スキャンダルのもみ消しのほか、賛助金、寄付金等を得るといった名目で、あらゆる方法で接近を図り、不当な要求を行ってくるのです。

Ⅲ　行政対象暴力

暴力団は、不正な利益を得る目的で、地方公共団体等の行政機関、行政機関の職員に対して、違法・不当な行為を行っています。これを行政対象暴力といいます。

具体的には、たとえば、暴行や脅迫をして、暴力団関係企業を公共工事の下請業者とするように要求したり、物品の購入など、金品の提供を要求したりするものです。

行政の公益性を確保するためにも、こういった行政対象暴力は排除する必要があります。

Ⅳ　暴力団の要求に応じることの問題点

民事介入暴力の手口には、さまざまなものがあります。しかし、一時的な解決のために、企業などが暴力団の不当な要求に応じてしまうと、とことんまで食いつかれてしまいます。また、暴力団と安易に付き合い、結局はそのことで社会的な制裁を受けて、会社であれば倒産に至ることもあるのです。

このように、暴力団の不当な要求に応じてしまったり、安易に暴力団と付き合ったりすることで、取り返しのつかない事態を招くことになりかねないのです。

このような事態を招かないためにも、不当な要求には屈しない、という姿勢が不可欠です。

Q14　企業対象暴力における不当要求の実態はどのようなものか

> 「企業対象暴力」といっても、実際に企業は不当要求にあったり、お金を出したりしているのでしょうか。
> 具体的にはどのような不当な要求をされるのでしょうか。

A nswer

I　アンケート調査結果

　全国暴力追放運動推進センター、日本弁護士連合会民事介入暴力対策委員会、警察庁刑事局組織犯罪対策部が調査主体となって行った、「『企業が反社会的勢力による被害を防止するための指針』に関するアンケート」（平成22年度）という調査結果があります（〈http://www.npa.go.jp/sosikihanzai/bouryokudan/boutai16/20101118enquete.pdf〉。以下、掲載資料についても同資料より抜粋）。この「企業が反社会的勢力による被害を防止するための指針」については、Q17で詳しく説明しますが、これは、政府の犯罪対策閣僚会議で出された指針です。

　このアンケートは、過去5年間に不当要求にあったか等につき、3000社にアンケート調査が行われたもので、平成22年7月に実施されたものです。

　この調査によると、過去5年間に不当要求を受けたと回答した企業が485社あります。

　今後、企業が被害防止を受けないよう、その要求の方法や内容、被害の実態についてわかる統計をいくつか紹介します。

II　不当要求の実態

　まず、企業が不当要求を受けたとき、相手方がどう名乗ったか、不当要求

Q14　企業対象暴力における不当要求の実態はどのようなものか

を受けたことがある485社の回答を紹介します（〈図5〉参照）。

　次に、不当要求を受けたことがある485社が、どのような不当要求を受けたのか、その行為の内容を示します（〈図6〉参照）。

　そして、不当要求の一部ないし全部に応じたと回答した企業106社が、過去5年間に受けた不当要求に応じた合計額ですが、以下のとおり、1000万円以上という企業もあるのです（〈図7〉参照）。

　このように、反社会的勢力は、依然として、企業を対象に、不当要求を行っている実態があります。

〈図5〉　不当要求の相手方の自称

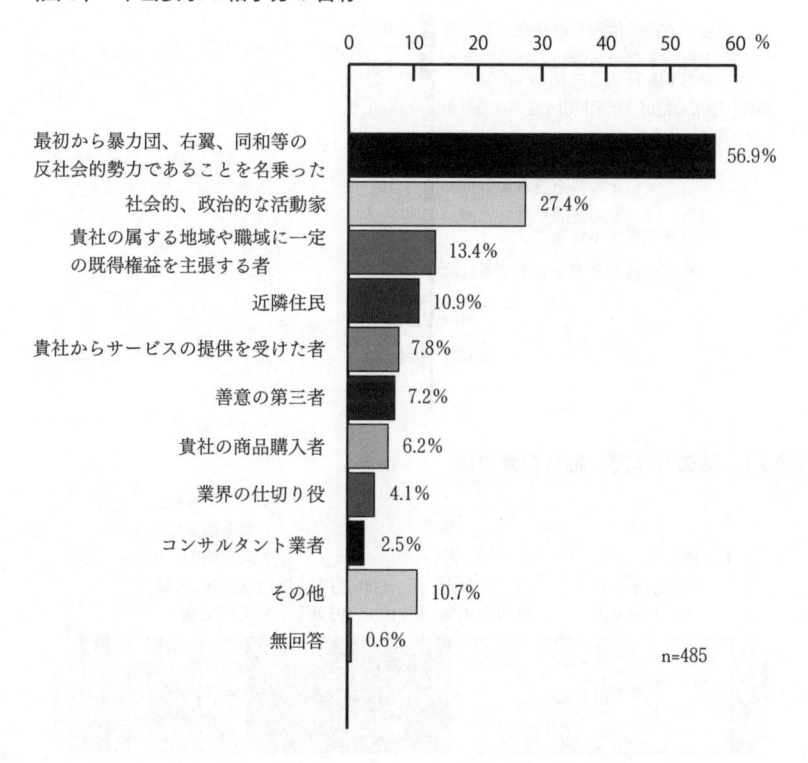

相手方の自称	割合
最初から暴力団、右翼、同和等の反社会的勢力であることを名乗った	56.9%
社会的、政治的な活動家	27.4%
貴社の属する地域や職域に一定の既得権益を主張する者	13.4%
近隣住民	10.9%
貴社からサービスの提供を受けた者	7.8%
善意の第三者	7.2%
貴社の商品購入者	6.2%
業界の仕切り役	4.1%
コンサルタント業者	2.5%
その他	10.7%
無回答	0.6%

n=485

第2章 暴力団等の実態

〈図6〉 不当要求の態様

態様	%
物品購入やリース契約を要求する行為	48.5%
寄付金、賛助金、会費等を要求する行為	30.3%
因縁を付けて金品や値引きを要求する行為	17.3%
工事発注や下請参入等を要求する行為	13.6%
特定の相手と取引すること、または取引しないことを要求する行為	4.9%
みかじめ料や用心棒料等を要求する行為	4.3%
交通事故等の示談に介入し、金品等を要求する行為	2.5%
不当な方法で債権を取り立てる行為	1.9%
土地、家屋の明渡料、立退料等を要求する行為	1.9%
融資、手形の割引、信用取引を要求する行為	1.6%
利息制限法に違反する高金利の債権を取り立てる行為	1.2%
口止め料を要求する行為	1.2%
借金、ローンの免除や借金返済の猶予を要求する行為	1.2%
株式の買取り等を要求する行為	0.0%
その他	6.6%
無回答	1.6%

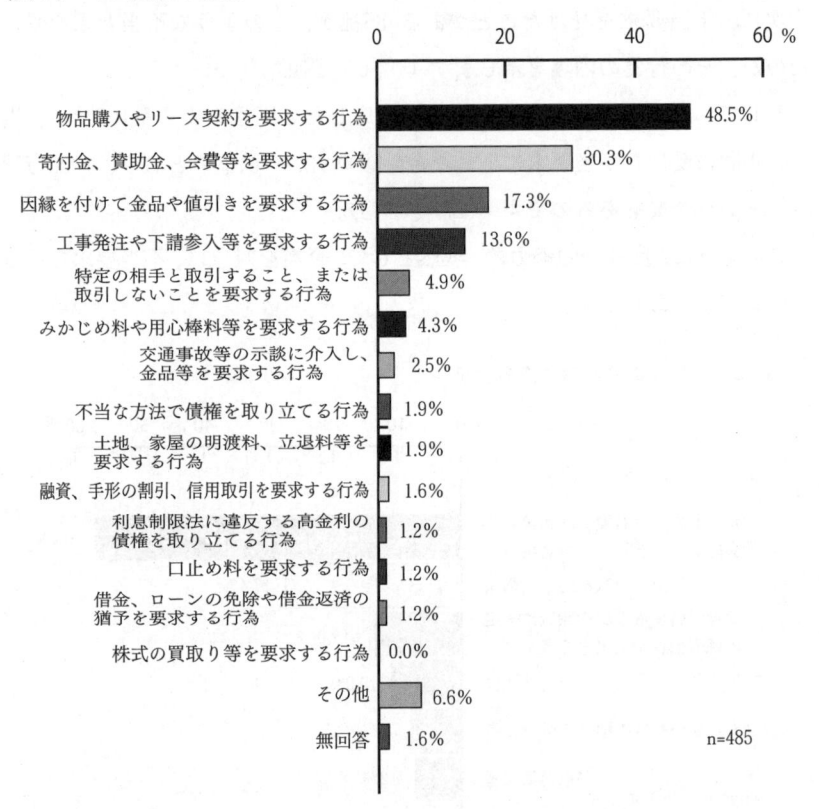

n=485

〈図7〉 過去5年間に応じた要求額

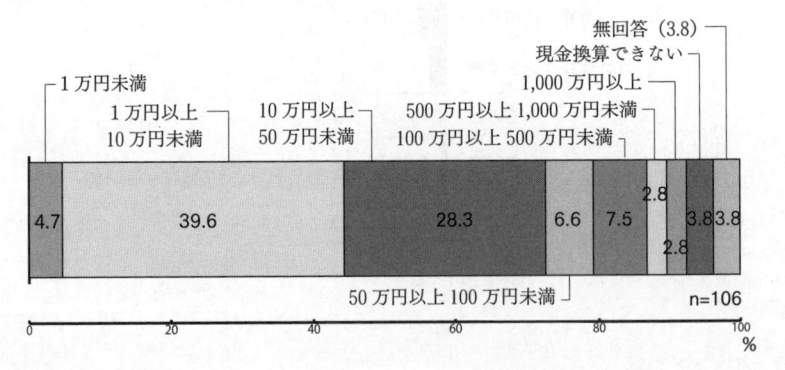

区分	%
1万円未満	4.7
1万円以上10万円未満	39.6
10万円以上50万円未満	28.3
50万円以上100万円未満	6.6
100万円以上500万円未満	7.5
500万円以上1,000万円未満	2.8
1,000万円以上	2.8
現金換算できない	3.8
無回答	3.8

n=106

第3章　暴力団等に対する法規制等

Q15　暴力団対策法とはどのような内容の法律か

暴力団対策法という法律があると聞きました。暴力団対策法とは、どのような内容の法律なのでしょうか。

Answer

I　暴力団対策法の施行

　暴力団対策法（正式名称：「暴力団員による不当な行為の防止等に関する法律」）は、暴力団による不当な金銭要求や、暴力団同士の対立抗争などから一般市民を守るための法律で、平成4年に施行になりました。

II　暴力団対策法の特徴

1　暴力団対策法上の禁止行為

　暴力団対策法は、暴力団のヒト・モノ・カネに打撃を与えようとする暴力団規制立法で、指定暴力団への加入を強要することを禁じたり、対立抗争時の事務所使用等を禁じています。
　中でも、特に重要なのが、これまで恐喝になるかならないかはっきりせずグレーゾーンの行為（暴力的要求行為）とされてきた、指定暴力団員の威力を示して、金銭等を要求する行為を類型化して禁止したことです。
　暴力団対策法の禁止行為が行われた場合は、公安委員会から中止命令が出され、中止命令に違反すると、懲役、罰金といった刑罰が科されます。
　では、どのような行為が類型的に禁止されているのかについて、ここでは、

事業者の方に関係があるものをあげていきます（平成24年改正暴力団対策法9条）。

◇1号　人の弱みに付け込む金品等要求行為
　⇒異性問題や、事務のミス、粉飾決算等をネタに口止め料を要求する行為
◇2号　不当贈与要求行為
　⇒寄付金や賛助金等を要求する行為
◇3号　不当下請等要求行為
　⇒建設工事等の下請工事、資材の納入等を要求する行為
◇4号　みかじめ料要求行為
　⇒縄張り内の営業者に、あいさつ料、みかじめ料を要求する行為
◇5号　用心棒料等要求行為
　⇒縄張り内の営業者に、用心棒代や、門松やおしぼりの購入、植木のリースを要求する行為
◇6号　高金利債権取立行為
◇7号　不当な方法での債権取立行為
◇8号　不当な債務免除要求行為
　⇒借金の免除や、借金返済の猶予を要求する行為
◇9号　不当な貸付要求行為
　⇒不当な貸付けや手形の割引を要求する行為
◇10号　不当な信用取引要求行為
◇11号　不当な自己株式買取等要求行為
　⇒株式会社に対し、自己株式の買取りを要求したり、役員に通常よりも有利な条件での買取りを要求する行為
◇13号　不当な地上げ行為
◇14号　競売等妨害行為

◇19号　不当な示談介入行為

◇20号　因縁を付けての金品等要求行為
　⇒商品やサービスに因縁を付けて損失補塡を要求する行為

2　暴力的要求行為等の相手方に対する援助

　暴力的要求行為の中止命令や再発防止命令が出されたら、被害者として相手方に対して被害回復を求めていく場合の警察の援助についても、規定が設けられています。たとえば、必要な事項の連絡や、被害回復についての交渉場所の提供などを公安委員会に申し出ることができるようになっています。

3　暴力団の代表者等の損害賠償責任

　暴力団対策法では、指定暴力団員が暴力団の威力を利用して、資金獲得活動等を行うにあたって、他人の生命、身体または財産を侵害したときは、組長といった指定暴力団の代表者等が損害賠償責任を負う、という規定が定められています。

4　平成24年の法改正

　暴力団対立抗争や暴力団による市民への危害を防止するため、平成24年7月、事業者への危害行為や、抗争事件を起こす暴力団を「特定抗争指定暴力団」「特定危険指定暴力団」に指定するなどの新たな対策を盛り込んだ、改正暴力団対策法が成立し、10月30日に施行されることとなりました。

　特定抗争指定暴力団、特定危険指定暴力団は、従来の指定暴力団に対して規制を上乗せするもので、特定抗争指定暴力団が一定の警戒区域内で、居宅付近をうろつくなどの対立抗争を誘発する行為を禁止し、特定危険指定暴力団が一定の警戒区域で不当要求目的に行う面会要求等を規制するといった規定が新設されています。

　現行の暴力団対策法では、暴力団対策法違反があった場合も、それだけでは逮捕することができず、まずは中止命令などの行政命令を経る必要がありましたが、平成24年改正では、たとえば特定危険指定暴力団の暴力団員が警

戒区域において暴力的要求行為等をした場合には、行政命令を経ずに逮捕することができるなど、いわゆる「直罰規定」も設けられ、罰則の内容も、最高刑が「1年以下の懲役」「100万円以下の罰金」から「3年以下の懲役」「500万円以下の罰金」に引き上げられました。

平成24年改正では、不当な取引要求の規制範囲も拡大され、拒絶されているのに、金融商品取引業者等に対し、金融商品取引行為を行うことを要求すること、銀行等に対し、口座開設を要求すること、建設業者に対し、建設工事を行うことを要求することなども、規制の対象に追加されています。その他、都道府県暴力追放運動推進センターが、暴力団事務所の付近住民からの委託を受けて、事務所使用の差止請求を行うことができるという制度も創設されています（訴訟行為は弁護士による追行が義務づけられています）。

Q16 指定暴力団とはどのような団体か

「指定暴力団」というのは、どういう団体のことを指すのでしょうか。指定暴力団、指定暴力団員であることで、何が違うのでしょうか。

*A*nswer

I 暴力団対策法の規定

1 指定暴力団の定義

暴力団のうち、犯罪経歴保有者の率や階層性など、暴力団対策法の定める一定の要件を満たし、「暴力団員が集団的に又は常習的に暴力的不法行為等を行うことを助長するおそれが大きい暴力団」と都道府県公安委員会が指定したものを、指定暴力団といいます。

そして、指定暴力団の傘下組織（二次団体、三次団体等。Q11参照）も、指定暴力団に含まれますので、その構成員も指定暴力団員ということになります。

警察の統計によれば、平成23年末における全暴力団構成員数約３万2700人に占める指定暴力団員数の割合は95.7％（約３万1300人）にも及んでいます。

2 指定暴力団員による暴力的要求行為の規制等

Q15で説明しましたように、指定暴力団員が、指定暴力団の威力を示して人の弱みに付け込む金品要求など暴力的要求行為を行った場合には、中止命令などを発出できます。非指定暴力団の場合には、同じ行為が行われても、中止命令は発せられません。

また、被害者は、指定暴力団員の威力利用資金獲得行動によって、生命・身体・財産を侵害された場合、指定暴力団の代表者等に対して、損害賠償請求もできることになっています。

Ⅱ　暴力団対策法による指定状況

「平成24年上半期の暴力団情勢」（警察庁）によりますと、平成24年6月末日現在、暴力団対策法の規定に基づき21団体が指定暴力団として指定されています。

指定団体、主たる事務所の所在地、勢力範囲等は、以下のとおりです（「平成24年上半期の暴力団情報」より抜粋）。

指定暴力団の勢力範囲は広域化しており、暴力団の主たる事務所が皆さんの活動している地域から遠くても、安心はできないということに注意する必要があります。

〔表1〕　指定暴力団一覧　　　　　　　（「平成24年上半期の暴力団情報」より）

六代目山口組	稲川会	住吉会
①兵庫県神戸市灘区篠原本町4-3-1 ②篠田建市 ③1都1道2府41県 ④約15,200人	①東京都港区六本木7-8-4 ②辛　炳圭 ③1都1道17県 ④約4,000人	①東京都港区赤坂6-4-21 ②西口茂男 ③1都1道1府16県 ④約5,600人
五代目工藤會	旭琉會	六代目会津小鉄会
①福岡県北九州市小倉北区神岳1-1-12 ②野村　悟 ③3県 ④約600人	①沖縄県那覇市辻2-6-19 ②富永　清 ③県内 ④約520人	①京都府京都市下京区東高瀬川筋上ノ口上る岩滝町176-1 ②馬場美次 ③1道1府 ④約360人
五代目共政会	七代目合田一家	四代目小桜一家
①広島県広島市南区南大河町18-10 ②守屋　輯 ③県内 ④約260人	①山口県下関市竹崎町3-13-6 ②金　教煥 ③3県 ④約160人	①鹿児島県鹿児島市甲突町9-1 ②平岡喜榮 ③県内 ④約100人

四代目浅野組 ①岡山県笠岡市笠岡615-11 ②森田文靖 ③2県 ④約120人	道仁会 ①福岡県久留米市京町247-6 ②小林哲治 ③4県 ④約810人	二代目親和会 ①香川県高松市塩上町2-14-4 ②吉良博文 ③県内 ④約50人
双愛会 ①千葉県市原市潤井戸1343-8 ②塩島正則 ③2県 ④約220人	三代目俠道会 ①広島県尾道市山波町3025-1 ②渡邊　望 ③6県 ④約160人	太州会 ①福岡県田川市大字弓削田1314-1 ②日高　博 ③県内 ④約170人
八代目酒梅組 ①大阪府大阪市西成区太子1-3-17 ②南　與一 ③府内 ④約70人	極東会 ①東京都豊島区西池袋1-29-5 ②曺　圭化 ③1都1道13県 ④約1,000人	二代目東組 ①大阪府大阪市西成区山王1-11-8 ②滝本博司 ③府内 ④約170人
松葉会 ①東京都台東区西浅草2-9-8 ②荻野義朗 ③1都1道8県 ④約1,100人	三代目福博会 ①福岡県福岡市博多区千代5-18-15 ②金　寅純 ③4県 ④約270人	九州誠道会 ①福岡県大牟田市上官町2-4-2 ②朴　政浩 ③1都5県 ④約350人

【凡例】
①主たる事務所の所在地
②代表する者（代表する者に代わるべき者を含む。）
③勢力範囲
④構成員数

注1：各指定暴力団の名称および表中に①②については平成24年3月29日現在のもの、③④については平成23年末（旭琉會は除く）のものである。
注2：平成23年末における全暴力団構成員数（約32,700人）に占める指定暴力団構成員数（約31,300人）の比率は95.7％である。

Q17 「企業が反社会的勢力による被害を防止するための指針」とはどのような内容のものか

暴力団対策について、政府の犯罪対策閣僚会合が平成19年6月19日付けで、「企業が反社会的勢力による被害を防止するための指針」(いわゆる「政府指針」) を策定した、と聞いていますが、どのような内容なのでしょうか。

Answer

I 「政府指針」とは

政府指針とは、巧妙化、不透明化の進む暴力団の資金獲得活動に打撃を与え、その資金源を封圧するために、平成19年6月19日に犯罪対策閣僚会議幹事会が公表した申合せのことをいいます。

政府指針は、①反社会的勢力を社会から排除していくことは企業の社会的責任の観点から重要であること、および②企業が反社会的勢力との関係を遮断することは企業防衛の観点からも必要不可欠な要請であることを基本理念として、企業に対して、次の基本原則に基づく対応とそれを可能とする内部統制システムの構築などを求めています。

II 政府指針の基本原則

政府指針は、①組織として対応すること、②外部専門機関と連携すること、③取引を含めた一切の関係遮断、④有事における民事と刑事の法的対応、および⑤裏取引や資金提供の禁止を基本原則としています。

以下では、この基本原則の内容について解説します。

Q17 「企業が反社会的勢力による被害を防止するための指針」とはどのような内容のものか

1 組織として対応すること

組織的対応とは、反社会的勢力対応を担当者や担当部署に一任してはならず、経営トップ以下が一体となって取り組んでいくことが必要ということです。担当者や担当部署への一任では、疲弊した反社会的勢力対応の担当者らが、トラブルについて担当者・担当部限りで隠蔽してしまい、この隠蔽がさらなる二次被害を招来するであるとか、また担当者自身の保護も不十分になりがちになってしまうなどの危険があるためです。

2 外部専門機関と連携すること

政府指針は、外部専門機関として、警察、暴力団追放運動推進センターおよび弁護士を例示しつつ、これらの機関と平素から緊密な連携関係を構築しておくことを求めています。外部専門機関との連携によって、担当者の精神的負担の軽減や外部専門機関の情報と経験により実効的な有事対応を期待できるようになります。

3 有事における民事と刑事の法的対応

反社会的勢力に属する者らは、自らの行為が不当なものであることを自覚していますので、裁判をはじめとする法的手続を基本的に好みません。ですから、企業側が反社会的勢力との紛争について法的手続によって解決しようとする姿勢を明示すると、以後は不当要求等が収まるのが一般的であり、法的手続への着手を躊躇しないことは、有効な反社会的勢力対応となります。

4 裏取引や資金提供の禁止

企業側にも不祥事がある場合には、裏取引や資金提供に応じがちになってしまうようです。しかし、企業が反社会的勢力との間で裏取引や資金提供を行うこと自体が、原因となった不祥事とは別個の新たな不祥事となり、これに付け込んでのさらなる不当要求の原因となりますし、この事実が明るみになった場合のレピュテーションの低下の程度は致命的なものになりかねません。そこで、企業側に不祥事があった場合であっても、それはそれとして別途対応し、裏取引や不当要求をあくまで拒否することが極めて重要な対応と

なります。

5　取引を含めた一切の関係遮断

政府指針が企業に求める前記1ないし4の対応のほとんどは、反社会的勢力による不当要求を受けた場合の対応のあり方として、政府指針が公表される以前から、企業コンプライアンス上、当然のものと認識されていました。

政府指針において新規性を有する点は、反社会的勢力との取引（企業にとって経済的合理性のある取引を含む）を含めた一切の関係遮断を企業に求めた点であると評価されています。

ここで、なぜ経済的合理性を有する取引まで排除しなければならないのか疑問をもたれるかもしれません。この疑問の回答について理解しておくことは、指針の精神を知るためにも重要なことです。

現在、暴力団をはじめとする反社会的勢力は、近年の暴力団対策法の施行などの暴力団の行為規制強化に伴い、その資金獲得方法を伝統的な覚せい剤の密売や用心棒代などから合法的な企業活動を仮装する方法へと変えており、そのような反社会的勢力企業の活動にとって必要な取引を行うこと自体が、反社会的勢力の資金獲得を助長することになってしまいます。また、近年、暴力団犯罪の凶悪化が進んでおり、これに伴って、反社会的勢力に対する社会の見方も非常に厳しいものになってきています。のみならず、社会は、反社会的勢力そのものにとどまらず、その資金獲得を助長している企業に対してもまた厳しい非難の目を向けるようになっています。

政府指針は、このような事情を背景として、企業に対して反社会的勢力との取引を含めた一切の関係遮断を要請しているのです。

Q18 「反社会的勢力」とは具体的にはどのようなものか

> 「反社会的勢力」とは、具体的には、何を指すのか教えてください。また、暴力団関係企業、総会屋、社会運動等標ぼうゴロがどのようなものをいうかについても教えてください。

Answer

Ⅰ 反社会的勢力とは

　反社会的勢力という表現は、法律などで定義づけされているものではありませんが、暴力団員や暴力団関係企業、えせ右翼やえせ同和行為者といった社会運動等標ぼうゴロなどを含み、平成10年頃から、総会屋等とあわせて反社会的勢力と総称されるようになったといわれています。

Ⅱ 政府指針における「反社会的勢力」

　政府指針では、反社会的勢力とは、「暴力、威力と詐欺的手法を駆使して経済的利益を追求する集団又は個人」と述べられています。
　さらに具体的には、「暴力団、暴力団関係企業、総会屋、社会運動標ぼうゴロ、政治活動標ぼうゴロ、特殊知能暴力集団等」があげられています。

Ⅲ 暴力団関係企業、総会屋、社会運動等標ぼうゴロ、特殊知能暴力集団

　次に、反社会的勢力に含まれる、暴力団関係企業、総会屋、社会運動標ぼうゴロ、政治活動標ぼうゴロ、特殊知能暴力集団とは何を指すのか、説明していきます。

1　暴力団関係企業

　暴力団関係企業については、暴力団員が実質的にその経営に関与している企業、準構成員もしくは元暴力団員が実質的に経営する企業で、暴力団に資金提供を行うなど暴力団の維持や運営に積極的に協力したり、業務で積極的に暴力団を利用して暴力団の維持や運営に協力している企業をいいます。

2　総会屋

　総会屋とは、株を保有して株主総会で質問等を行うなどする一方、コンサルタント料や、新聞・雑誌の購読料など、株主権の行使に関して企業から利益の供与を受けたり、またはそのおそれがあるものをいいます。

　総会屋の活動は、従前より低調な傾向はあるものの、依然として、企業から不正に利益を得ようとする総会屋も存在しています。

3　社会運動標ぼうゴロ、政治活動標ぼうゴロ

　社会運動標ぼうゴロというのは、社会運動を仮装したり標ぼうして、企業等に対して不正な利益を求め、暴力的不法行為等を行うおそれがあるグループ、個人をいいます。たとえば、えせ同和行為者など、人権問題の名を借りて不当な要求を行ったり、環境問題の名を借りて、不当な要求を行ってきます。

　政治活動標ぼうゴロというのは、政治活動を仮装したり標ぼうして、企業等に対して不正な利益を求め、暴力的不法行為等を行うおそれがあるグループ、個人をいいます。たとえば、えせ右翼など、街宣活動などを行って不正な利益を得ようとします。

4　特殊知能暴力集団

　前記に掲げた者以外で、暴力団との関係を背景に、その威力を用いたり、暴力団と資金的なつながりを有しつつ、不正の中核になっている集団や個人をいいます。

Q19 「政府指針」は具体的に何を求めているのか

　「政府指針」は、企業に対し、反社会的勢力による被害を防止するために、どのような考え方をし、具体的には何をするよう求めているのでしょうか。
　また、政府指針は、公表されて以後、全国的・全産業的に普及しているとのことですが、いくつか具体例を教えてください。

*A*nswer

I 「政府指針」で求められている対応

　まず、政府指針の基本原則の内容とその理解については、Q17において、解説していますのでそちらを参照してください。
　以下では、政府指針が求める、企業が平素からとるべき対応を紹介します。
　政府指針の内容において、特に重要と思われる部分は以下の下線のとおりです。

　○　代表取締役等の経営トップは、（上記の基本的考え方の内容を）基本方針として社内外に宣言し、その宣言を実現するための社内体制の整備、従業員の安全確保、外部専門機関との連携等の一連の取組みを行い、その結果を取締役会等に報告する。
　○　反社会的勢力による不当要求が発生した場合の対応を統括する部署（以下「反社会的勢力対応部署」という。）を整備する。反社会的勢力対応部署は、反社会的勢力に関する情報を一元的に管理・蓄積し、反社会的勢力との関係を遮断するための取組みを支援するとともに、社内体制の整備、研修活動の実施、対応マニュアルの整備、外部専門機関

○ 反社会的勢力とは、一切の関係をもたない。そのため、相手方が反社会的勢力であるかどうかについて、常に、通常必要と思われる注意を払うとともに、反社会的勢力とは知らずに何らかの関係を有してしまった場合には、相手方が反社会的勢力であると判明した時点や反社会的勢力であるとの疑いが生じた時点で、速やかに関係を解消する。

○ 反社会的勢力が取引先や株主となって、不当要求を行う場合の被害を防止するため、契約書や取引約款に暴力団排除条項を導入するとともに、可能な範囲内で自社株の取引状況を確認する。

○ 取引先の審査や株主の属性判断等を行うことにより、反社会的勢力による被害を防止するため、反社会的勢力の情報を集約したデータベースを構築する。同データベースは、暴力追放運動推進センターや他企業等の情報を活用して逐次更新する。

○ 外部専門機関の連絡先や担当者を確認し、平素から担当者同士で意思疎通を行い、緊密な連携関係を構築する。暴力追放運動推進センター、企業防衛協議会、各種の暴力団排除協議会等が行う地域や職域の暴力団排除活動に参加する。

II 政府指針の普及状況

1 全国的・全産業的な普及

　政府指針の策定後、全省庁が普及に取り組んだことから、公表以後、全国的・全産業的に普及が進んでいます。

　これに伴って、反社会的勢力と取引を有する企業に対しては、強い社会的非難が向けられるようになり、契約書への暴力団排除条項の導入なども急速に進んでいます。

2　業界ごとの普及状況

　業界の普及状況について、最近の状況について簡潔に紹介します。たとえば、民間（旧四会）連合協定工事請負契約約款委員会は、平成23年5月、民間工事請負契約標準約款に暴力団排除条項を盛り込む改正を行いました。

　また、公益社団法人全国宅地建物取引業協会連合会等の不動産流通4団体が、平成23年5月、不動産売買、住宅賃貸および媒介における各契約書の暴力団排除条項等のモデル案を策定して、各会員に導入を要請しています。

　その他、平成23年6月、一般社団法人全国銀行協会が、融資取引・当座勘定取引に係る暴力団排除条項の排除対象に、暴力団員等の密接交際者をも加える改正を行い、会員銀行に導入を要請しており、社団法人生命保険協会も、平成23年6月に、「生命保険業界における反社会的勢力への対応指針」を策定しています。

　このように、各業界において、反社会的勢力の排除をめざした施策が推進されています。

第4章　外部専門機関との連携等

Q20　反社会的勢力からの被害防止のためにどこに相談したらよいか

> 反社会的勢力からの被害を防止するには、外部専門機関との緊密な連携が必要だとわかりましたが、どこに相談したらよいのでしょうか。

Answer

I　警察、暴追センター、弁護士との連携と早期の相談

なるべく穏便に済ませたい、といった考え方をしている間に、不当要求に応じざるを得なくなり、被害が拡大していってしまいます。

暴力団等の反社会的勢力は、弁護士が入って、民事上の法的対抗手段を講じられることや、警察に通報されて刑罰を受けることにより不正な資金獲得活動ができなくなることを嫌がり恐れていますから、被害が拡大するような事態に陥らないためにも、早期に警察、都道府県暴力追放運動推進センター（通称「暴追センター」）、弁護士に相談し、緊密に連携をとって対応することが大切です。

なお、平成22年でも、警察および都道府県暴力追放運動推進センターに寄せられた暴力団に関する相談件数は約3万6800件に上っているとのことです。

II　警察、暴追センターの相談窓口

1　警察への通報、相談窓口

警察への通報、相談窓口は、各警察本部の暴力団対策主管課、警察署の暴

力団対策主管課です。警察本部によって名称が異なりますが、名称がわからない場合は、代表電話にかけて、暴力団等からの不当要求について相談をしたいと説明して、主管課につないでもらうことができます。

2 暴追センター

警察に相談することに躊躇を感じる場合もあるかと思います。警察以外の相談先として暴追センターがあり、弁護士、警察OBなどの暴力追放相談委員がいて、守秘義務の下、相談に応じています。

暴追センターは、相談業務のほか、不当要求防止責任者講習も行っています。

都道府県の暴追センターの連絡先は、以下のとおりです（全国暴力団追放運動推進センターウェブサイトより抜粋）。

〔表2〕 都道府県暴追センター連絡先一覧

県　名	組織名・住所	電話番号	FAX番号
全　国	全国暴力追放運動推進センター 〒113-0033　東京都文京区本郷三丁目38番1号　本郷イワシタビル6階	(03)3868-0247	(03)3868-0257
北海道	（公財）北海道暴力追放センター 〒060-0003　札幌市中央区北3条西7丁目1-1　道庁緑苑ビル庁舎内	(011)271-5982	(011)271-5987
青森県	（公財）青森県暴力追放県民センター 〒030-0801　青森市新町2-2-7　青銀新町ビル内	(017)723-8930	(017)723-8931
岩手県	（公財）岩手県暴力団追放推進センター 〒020-0022　盛岡市大通り1-2-1　県産業会館サンビル内	(019)624-8930	(019)624-8930
宮城県	（公財）宮城県暴力団追放推進センター 〒980-0014　仙台市青葉区本町3-5-22　宮城県管工事会館内	(022)215-5050	(022)215-5051

秋田県	(公財)暴力団壊滅秋田県民会議 〒010-0922　秋田市旭北栄町1-5　秋田県社会福祉会館内	(018)824-8989	(018)824-8990
山形県	(公財)山形県暴力追放運動推進センター 〒990-2492　山形市鉄砲町2-19-68　村山総合庁舎内	(023)633-8930	(023)676-4140
福島県	(公財)福島県暴力追放運動推進センター 〒960-8115　福島市山下町5-28　県警察山下庁舎内	(024)533-8930	(024)533-4287
茨城県	(公財)茨城県暴力追放推進センター 〒310-0011　水戸市三の丸1-5-38　県三の丸庁舎内	(029)228-0893	(029)233-2140
栃木県	(公財)栃木県暴力追放県民センター 〒320-0033　宇都宮市本町12-11　栃木会館地下内	(028)627-2600	(028)627-2996
群馬県	(公財)群馬県暴力追放運動推進センター 〒371-0836　前橋市江田町448-11　県警察本部江田町庁舎内	(027)254-1100	(027)254-1100
埼玉県	(公財)埼玉県暴力追放・薬物乱用防止センター 〒330-8533　さいたま市浦和区高砂3-15-1　県庁第2庁舎内	(048)834-2140	(048)833-2302
千葉県	(公財)千葉県暴力団追放県民会議 〒260-0013　千葉市中央区中央4-13-7　千葉県酒造会館内	(043)254-8930	(043)227-7869
東京都	(公財)暴力団追放運動推進都民センター 〒101-0047　千代田区内神田1-1-5	(03)3291-8930	(03)5282-3724
神奈川県	(公財)神奈川県暴力追放推進センター 〒231-8403　横浜市中区海岸通2-4　県警本部庁舎内	(045)201-8930	(045)663-8930
新潟県	(公財)新潟県暴力追放運動推進センター 〒950-0961　新潟市中央区東出来島11-16　㈱新潟県自動車会館内	(025)281-8930	(025)281-8934

Q20 反社会的勢力からの被害防止のためにどこに相談したらよいか

山梨県	(公財)山梨県暴力追放運動推進センター 〒400-0031　甲府市丸の内1-5-4　恩賜林記念館内	(055)227-5420	(055)223-0110
長野県	(公財)長野県暴力追放県民センター 〒380-8510　長野市大字南長野字幅下692-2　県庁東舎内	(026)235-2140	(026)233-3741
静岡県	(公財)静岡県暴力追放運動推進センター 〒422-8067　静岡市駿河区南町11-1　静銀・中京銀静岡駅南ビル内	(054)283-8930	(054)283-8940
富山県	(公財)富山県暴力追放運動推進センター 〒930-0005　富山市新桜町3-2	(076)431-8930	(076)444-7788
石川県	(公財)石川県暴力追放運動推進センター 〒921-8105　金沢市平和町1-3-1　石川県平和町庁舎内	(076)247-8930	(076)247-4004
福井県	(公財)福井県暴力追放センター 〒910-0004　福井市宝永3-8-1　葵会館内	(0776)28-1700	(0776)28-1701
岐阜県	(公財)岐阜県暴力追放推進センター 〒500-8384　岐阜市薮田南5-14-1	(058)277-1613	(058)277-1366
愛知県	(公財)暴力追放愛知県民会議 〒460-0001　名古屋市中区三の丸2-1-1　県警本部内	(052)953-3000	(052)953-0099
三重県	(公財)暴力追放三重県民センター 〒514-0004　津市栄町3-222　ソシアビル内	(059)229-2140	(059)229-6900
滋賀県	(公財)滋賀県暴力団追放推進センター 〒520-8501　大津市打出浜1-10　県警本部北棟内	(077)525-8930	(077)525-8930
京都府	(公財)京都府暴力追放運動推進センター 〒602-8027　京都市上京区下立売通衣棚西入東立売町199-6	(075)451-8930	(075)451-0499

大阪府	(公財) 大阪府暴力追放推進センター 〒540-0012　大阪市中央区谷町2-3-1　ターネンビルNo.2内	(06)6946-8930	(06)6946-8993
兵庫県	(公財) 暴力団追放兵庫県民センター 〒650-8510　神戸市中央区下山手通5-4-1　県警本部庁舎内	(078)362-8930	(078)351-7930
奈良県	(公財) 奈良県暴力団追放県民センター 〒630-8131　奈良市大森町57-3　奈良県農協会館内	(0742)24-8374	(0742)24-8375
和歌山県	(公財) 和歌山県暴力追放県民センター 〒640-8102　和歌山市南雑賀町64	(073)422-8930	(073)422-5470
鳥取県	(公財) 鳥取県暴力追放センター 〒680-0031　鳥取市本町3-201　鳥取商工会議所内	(0857)21-6413	(0857)21-6413
島根県	(公財) 島根県暴力追放県民センター 〒690-0887　松江市殿町2番地　県庁第二庁舎内	(0852)21-8938	(0852)21-8938
岡山県	(公財) 岡山県暴力追放運動推進センター 〒700-0985　岡山市北区厚生町3-1-15　岡山商工会議所ビル内	(086)233-2140	(086)234-5196
広島県	(公財) 暴力追放広島県民会議 〒730-0011　広島市中区基町10番52号　県庁内	(082)228-5050	(082)511-0111
山口県	(公財) 山口県暴力追放運動推進センター 〒753-0072　山口市大手町2-40　県警本部別館内	(083)923-8930	(083)923-8704
徳島県	(公財) 徳島県暴力追放県民センター 〒770-8053　徳島市沖浜東2-12-1	(088)656-0110	(088)623-4972
香川県	(公財) 香川県暴力追放運動推進センター 〒760-0026　高松市磨屋町5-9　プラザ59ビル内	(087)837-8889	(087)823-2303

愛媛県	（公財）愛媛県暴力追放推進センター 〒790-0808　松山市若草町7　県警第二庁舎内	(089)932-8930	(089)932-8930
高知県	（公財）暴力追放高知県民センター 〒780-0870　高知市本町2-3-31　ＬＳビル3階	(088)871-0002	(088)871-0003
福岡県	（公財）福岡県暴力追放運動推進センター 〒812-0046　福岡市博多区吉塚本町13-50　県吉塚合同庁舎内	(092)651-8938	(092)651-8988
佐賀県	（公財）佐賀県暴力追放運動推進センター 〒840-0831　佐賀市松原1-1-1	(0952)23-9110	(0952)23-9107
長崎県	（公財）長崎県暴力追放運動推進センター 〒850-0033　長崎市万才町5-24　ヒルサイド5ビル内	(095)825-0893	(095)825-0841
熊本県	（公財）熊本県暴力追放運動推進センター 〒862-0950　熊本市中央区水前寺6-35-4	(096)382-0333	(096)382-0346
大分県	（公財）暴力追放大分県民会議 〒870-0046　大分市荷揚町5-36　大分県警察本部庁舎別館内	(097)538-4704	(097)536-6110
宮崎県	（公財）宮崎県暴力追放センター 〒880-0804　宮崎市宮田町13番16号　県庁10号館内	(0985)31-0893	(0985)31-0894
鹿児島県	（公財）鹿児島県暴力追放運動推進センター 〒892-0838　鹿児島市新屋敷町16-301　県公社ビル内	(099)224-8601	(099)224-8602
沖縄県	（公財）暴力団追放沖縄県民会議 〒900-0029　那覇市旭町7番地　サザンプラザ海邦内	(098)868-0893	(098)869-8930

Q21 なぜ弁護士にも相談したほうがよいのか

> 不当要求等の被害の防止のため、弁護士との早期の連携も必要とのことですが、なぜ、警察だけではなく、弁護士にも相談したほうがよいのでしょうか。
> 弁護士に相談しても、裁判で判決が出るまで時間がかかるばかりで、それまでは、不当要求を受け続けることになるのではないでしょうか。

Answer

I 弁護士による交渉

　反社会的勢力は、できるだけ市民や企業の担当者との直接の交渉をしようとします。なぜなら、「誠意を見せろ」などとしつこく要求すれば、相手が辟易して要求に応じるかもしれないからです。

　弁護士には、訴訟といった法的対抗手段だけでなく、交渉も委任することができますから、暴力団等の反社会的勢力が市民や企業の担当者などに不当要求等をしてきた場合には、弁護士に依頼して、交渉をしてもらうことができます。

　反社会的勢力としては、要求の相手方に弁護士が登場すると、法的に理由がない、と要求を断られたり、話合いで解決せずに民事訴訟となったり、刑法等の刑事罰に触れる行為があったとして警察への告訴をされたりするかもしれません。不当な要求をして手っ取り早く金儲けがしたいのに、楽に金儲けをするどころか、かえって労力を要することになりますから、反社会的勢力は、弁護士が登場するのを嫌い、できるだけ直接交渉をしようとするのです。

　ところが、弁護士に委任していれば、たとえば、不当要求の電話があって

も、市民や企業の担当者は、「本件については、〇〇事務所、〇〇弁護士に依頼しました。今後は、弁護士を通してください。これ以上お話しすることはありません」と繰り返せばよく、毅然と対応することができます。

なお、このように弁護士が現れると、暴力団等は、市民や企業の担当者などに対し、弁護士について虚偽の事実をいうなどして、疑心暗鬼にさせたり、両者の関係の遮断を図ろうとすることもありますので、間違った情報に振り回されないよう、冷静に判断することが必要です。

Ⅱ 法的対抗手段

反社会的勢力との交渉で紛争が解決しない場合、弁護士は、法的対抗手段として、仮処分命令の申立てや、訴訟手続などの法的手続をとります。

仮処分命令というのは、簡単に申し上げれば、訴訟による解決には一定の期間を要することから、それまで現状を放置したのでは取り返せない損害が発生するおそれがあるといった場合に、申立人の権利を暫定的に保全する処分です。

たとえば、上述した不当要求の場合、弁護士に交渉を委任したあとにも、電話で直接の交渉を繰り返し要求してくるような場合、架電禁止、面談禁止といった仮処分の申立てを検討するのです。

こういった法的手続を弁護士がとると、反社会的勢力の側も、仮処分や訴訟への対応を弁護士に依頼しなければならないなど、要求を通すのに費用も手間暇もかかることになってしまいます。それでは彼らの目的を達成することができないので、弁護士に委任して、法的手続をとることは、反社会的勢力に対して、有効なのです。

第4章　外部専門機関との連携等

Q22　暴力団関係者と対応するにはどのようなことに気をつければよいか

　実際に暴力団関係者の不当要求や訪問に対応をしなければならない場合があるかもしれません。そのような場合、一般的には、どのようなことに気をつければよいのでしょうか。基本的な対応要領を教えてください。

Answer

I　暴力団関係者が応対を求めてきた場合

1　相手の確認
　まず、落ち着いて、相手を確認するため、相手の住所、氏名、所属団体名、電話番号などを確認しましょう。そして、どのような用件で何を要求しているのかを確認します。

2　対応場所
　次に、対応場所ですが、こちらに有利な対応場所を選定して、自社の応接室等で対応し、暴力団組事務所等には絶対に出向かないようにしましょう。
　自社の応接室等で対応する場合でも、湯茶の接待はしないようにします。湯茶を出せば、相手方の居座りの容認にもなりかねませんし、味や温度に難癖をつけるなど、脅しの道具に使用されることもあるからです。

3　対応の人数、時間
　対応する人数も、常に相手よりも優位に立つようにして、役割分担も事前に決めておきましょう。
　その後の民事訴訟や犯罪検挙等の証拠に利用できるよう、対応内容を詳細に記録化します。
　対応時間についても、相手のペースにはまらないよう、事前に「○時○分

までしか時間を確保できませんので」と時間を明確に区切っておきましょう。

Ⅱ 対応の際の留意事項

1 言動や態度に注意する

対応の際は、その場凌ぎで相手の要求に何かを約束したりせず、即答を避け、組織として方針を検討するようにしましょう。不必要であるにもかかわらず、「申し訳ありません」、「検討します」などと発言すると、相手方にいずれ要求は通るものと期待させてしまい、紛争が長期化してしまう危険もありますので、言動にはくれぐれも注意しましょう。要求に応じない方針が事前に固まっている場合には、相手方の要求に対しては、毅然とした態度で拒絶するようにします。

ただし、あくまで非礼な態度は禁物です。暴力団員はメンツを非常に重んじる傾向がありますので、「メンツを潰された」、「舐められた」と受け止められるような態度や発言をとらないよう留意してください。日常にない緊張を強いられる場面であるとは思いますが、日常のビジネス交渉などと同じように臨むのがよろしいように思われます。

2 念書は書かない、代表取締役などトップに対応させない

念書なども、後日悪用されるので、署名、押印は禁物です。

また、決裁権のあるトップが対応すると、即答を迫られますので、トップには対応させないようにします。

3 警察への通報

暴行や脅迫行為があれば、機を失せず警察に通報します。脅迫が予想される場合には、事前に最寄りの警察署に相談のうえで、面談に臨むようにされれば、有事の際に速やかに対応してもらえます。

Ⅲ その他

前述しましたが、暴力団員は、メンツを重んじます。ですから、これを潰

されたと思うと直接的な暴力に及ぶこともあり得ますので、あくまで冷静な対応を心がけ、挑発などは決してしないように注意することが必要です。

第2部

各 論

第1章　心構え

Q23　暴力団員や暴力団関係企業であるかは、どこで確認できるか

（相手方が）暴力団員や暴力団関係企業であるかどうかについて、どこかで教えてくれますか。

*A*nswer

I　調査・確認

　今日では、インターネットの普及により、暴力団が引き起こした事件や抗争などの情報を、比較的容易に入手することができるようになっています。

　新しい取引先と取引を始めるにあたって、インターネットの検索サービス（新聞記事などの検索サービス）を用いて、この取引先に関する情報を収集したり、過去に事件を起こしたり、あるいは暴力団等との関係が取り沙汰されたりしたことがないか、確認している方もいらっしゃるのではないでしょうか。

　こういった情報を基にして、相手方の属性を確認し、判断するという方法がまず考えられます。

　とはいえ、一個人や一企業だけで収集できる情報にはどうしても限界があるのが実情です。暴力団等に関する情報は非常に膨大なものとなりますので、その管理は決して容易ではありません。

　そこで、Q8で解説したようにインターネットや新聞記事等を通じて収集した情報を、業界団体ごとにデータベース化している場合があります。複数の企業から寄せられた情報を一覧性のあるデータベースで一元管理している

場合には、このデータベースで照合することによって、相手方が暴力団等の反社会的勢力ではないかを確認することができます。

Ⅱ 警察への問合せ

1 情報の精度と確度

前記Ⅰで述べたような方法で、ある程度の情報を収集することが可能ですし、データベースとの照合によって相手方の属性を確認することも可能です。

ただ、インターネット上の情報は必ずしも正確とは限らず、その裏づけが乏しいケースがあることも否定できません。

またデータベース上の情報も、常にメンテナンス（更新）が行われていないと、情報自体が古くなったり、正確でなくなったりしてしまう懸念もあります。

したがって、前記Ⅰで述べたような方法だけでは、相手方が暴力団等の反社会的勢力であるか否かを確実に判断し、排除できるということにはなりません。

2 警察の情報

警察では、暴力団関係者の情報を取得しており、事件の捜査などに活用しています。

この点、当然のことながら、警察は、そのような情報を法律の規定などに従って厳格に管理していますので、これまでは、暴力団等との取引を遮断するという目的であっても、警察の外部へ提供する場合を非常に限定してきました。

しかし、Ｑ８でも少し解説したように、近時、警察庁の通達が改正され、事業者に暴力団情報を提供する場合と範囲が拡大されました（平成23年12月22日警察庁刑事局組織犯罪対策部長名通達）。

この通達では、暴力団等に関する情報を「一定の場合に部外へ提供することによって、暴力団による危害を防止し、その他社会から暴力団を排除する

という暴力団対策の本来の目的のために活用することも当然必要である」としたうえで、近時、各都道府県において「暴力団排除条例」が相次いで施行されたことを受け、「事業者が一定の場合に取引等の相手方が暴力団員・元暴力団員等に該当するかどうかを確認することが義務付けられ」たことなどから「事業者からのこれらの者（暴力団等の反社会的勢力）に関する情報提供についての要望が高まって」おり、「条例においても事業者等に対し、必要な支援を行うことが都道府県の責務として規定されている」として、従来の通達を廃止し、情報提供を行う場合を拡大することが述べられています。

3　情報提供の条件

対象範囲が拡大されたといっても、無条件で情報が提供されるわけではありません。一定の条件を満たす場合に、警察から情報の提供を受けることができます。

具体的には、暴力団排除条例上の義務を果たすために必要である場合、暴力団の犯罪や暴力的な要求行為等による被害が発生するおそれがあったり、具体的に被害が発生している場合、あるいは暴力団の組織の維持または拡大に対して打撃を与えることができる場合など、真に必要性のある場合に限られます。

情報の提供にあたっては、上記のような必要性とあわせて、条例上の義務を履行するために真に必要か、あるいは個人に関する情報ではなく他の情報提供でも目的を達成できないか、などが慎重に検討されることになります。

4　情報提供の範囲

警察が情報提供する対象者の範囲も、前述の通達の改正によって拡大されました。

従前は、暴力団員や準構成員などに限定されていましたが、通達改正後は、暴力団員、暴力団準構成員、元暴力団員、共生者、暴力団員と社会的に非難されるべき関係を有する者、総会屋、社会運動等標ぼうゴロなどへの該当性についても、広く情報提供がされることとなっています。

5 具体的方法

警察への問合せ先は、具体的には、最寄りの警察署、各都道府県警察本部の暴力団排除の担当課（暴力団対策課、組織犯罪対策第三課など、各都道府県で名称が異なります）、各都道府県の暴力団追放運動推進センターなどとなります。

情報提供を受けるに際しては、対象となる相手方の住所、氏名、生年月日等がわかる資料や、取引関係の裏づけとなる資料等の提出が求められます。また、提供された情報が適正に管理されて悪用されないよう、情報を目的外に利用しない旨の誓約書の提出が必要となる場合もあります。

Q24 暴力団被害に遭わないためにどのようなことに気をつければよいか

> 暴力団の被害に遭わないために、日常、どのようなことに気をつけたらよいでしょうか。留意点について教えてください。

*A*nswer

I 暴力団の実態

　暴力団とは、「その団体の構成員が集団的に又は常習的に暴力的不法行為等を行うことを助長するおそれがある団体」（暴力団対策法2条2号）、あるいは「いわゆる親分・子分関係を基軸として結合し、集団的に又は常習的に暴力等不法な手段を用いて私的な目的を達しようとする団体」（静岡地裁浜松支部昭和62年10月9日決定）であり、暴力的な行為を常套手段として違法・不当な利益を得て生活の糧としている集団を指します。

　暴力団は、従来「ヤクザ」「極道」「博徒」「的屋」等といわれていた者ですが、近時では、社会や経済の変化に伴って「暴力団関係企業」や「社会運動等標ぼうゴロ」などへと変質し、一般社会に巧みに入り込んで違法・不当な利益を得ているのが実態です。

　暴力団構成員や準構成員の検挙人数等をみても、暴行や傷害あるいは恐喝といった粗暴犯や、賭博・ノミ行為などの割合が減少している一方、詐欺や文書偽造、あるいは競売妨害や街宣活動に係る名誉毀損など、知能暴力とでもいうべき犯罪類型の占める割合が増加しています。

　このように暴力団の活動は、その手口が年々巧妙になっており、また、民事事件との区別がつきにくくなっているといえます。したがって、相手方が暴力団であると気づかないままに取引関係に立ち入ってしまい、気がついたときにはすでに遅いという事態も十分に考えられるのです。

II　平素の心構え

1　危機管理意識

　先ほど述べたように、暴力団の活動はますます巧妙化しており、私たちの市民生活や日常の経済活動に接近している顕著な傾向があります。

　ですから、私たちも、暴力団被害は決して縁遠いものではなく、自分もいつその被害に遭うかわからない、暴力団は常に違法・不当な利益を得ようと待ちかまえているのだ、という意識を強くもっておくことが大切です。

　そして、暴力団の不当な要求には、毅然とした態度で断固としてこれを拒否するという明確な方針と姿勢を示し、これを堅持することが必要です。

　また、間違っても、紛争やもめ事の解決に暴力団を利用しようなどという、自ら暴力団に接近し、関係をつくってしまうような愚かな行為は、厳に慎まなければいけません。

　こういった意識の低い、いわば「脇の甘い」姿勢を示していると、暴力団はすかさずそこに付け入ってくるということを肝に銘じておきましょう。

2　体制の構築

(1)　企業のコンプライアンス

　企業の場合、経営陣が積極的にリーダーシップをとって、会社として、暴力団の不当な要求は断固としてこれを拒絶するという明確な姿勢を示すことが非常に重要です。

　暴力団からみても、経営陣が暴力団に対して弱腰であったり、あるいは安易に金銭で問題を解決するような姿勢がみられる企業は格好のターゲットであるといえるでしょう。

　企業は、利益の追求のみならず、社会を構成する重要な要素として法令を遵守して社会規範を維持するという社会的責任（コンプライアンスを確立する責任）を負っています。このような観点からすれば、企業は暴力団をはじめとする反社会的勢力とは断固として対決し、その排除をめざすという確固た

る姿勢が求められます。

(2) 体制の整備

　企業では、日頃から各部署に責任者を設置し、暴力団対策マニュアルを備え置き、あるいは社員に対する研修を行うなどして、会社全体として暴力団に対して毅然と立ち向かう姿勢と体制を構築しておくことが大切です（Q35参照）。

　特に、先ほど述べた企業の社会的責任という観点からは、暴力団をはじめとする反社会的勢力に屈したり、あるいは反社会的勢力を利用することは、企業の存亡にかかわるような事態を引き起こしうるのだという危機意識を共有することが必要でしょう。

　また、日頃から警察や弁護士との連携を強め、情報の共有を図っておくことも重要です。

　このような体制を構築し、対応策を具体的に準備しておくことで、いざというときに有効な対応を迅速にとることができ、暴力団被害を未然に防ぐことが可能となるのです。

Q25 暴力団被害に遭ったとき他の暴力団に依頼して対抗してもよいか

> 暴力団による被害に遭ったとき、こちらも別の暴力団に依頼して対抗してはどうかと思いますが、いかがでしょうか。

Answer

I 暴力団を絶対に利用してはいけない

　暴力団に対して暴力団の力を借りて対抗しようとすることは誤りであり、どんなことがあっても絶対にしてはならない愚かな行為です。

　暴力団の力を借りる、すなわち暴力団に物事を依頼するということは、暴力団がめざす「違法・不当な利益の獲得」に力を貸すことになるのです。

　また、暴力団を利用することで、あなた自身が暴力団と密接な関係をもつことになり、逆に暴力団に付け入られたり、暴力団に取り込まれたりして、暴力団に利用され、暴力団から逃れられなくなってしまうということを、まず肝に銘じてください。

II なぜ暴力団を利用してはいけないのか

　暴力団が民事事件に介入してくるのは、それが彼らの貴重な資金源となっているからです。

　暴力団は、文字どおり暴力的な行為や威圧的な言動、あるいは人の弱みに付け込んだ「ゆすり」や「たかり」といった卑劣な手段によって、違法・不当な利益を得ようとする集団ですから、多額のお金が動く場面、あるいは他人の弱みやスキャンダルに接近しようとします。

　暴力団は、債権の取立て、示談交渉、地上げ、会社の倒産など、民事事件として多額の金銭が動く場面に「代理人」などと称して介入し、あるいは会

社の不祥事やスキャンダル事件といった他人の弱みに付け込むなどして、違法・不当な利益を得ようと、いつも狙っているのです。

　暴力団に自分の悩みや困り事の解決を依頼するということは、暴力団に自分の弱み（不祥事やスキャンダルなど）を見せ、借りをつくってしまうことと同じです。

　また、悩みや困り事といったとき、借金問題や示談の交渉、会社の倒産といった、民事事件として多額の金銭が動く場面であることも多々あります。つまり、暴力団からすれば、お金を払ってでも暴力団に物事を依頼しようとするような人は、違法・不当な利益を得るための絶好のターゲットであり、まさに「鴨がネギを背負ってやって来た」ということになるのです。

　相談を受けた暴力団は、初めは親切に「自分に任せておけ」とでも言うでしょうし、困り事の解決をしようとするかもしれません。しかし、これは、暴力団にとっては、依頼者を標的として狙う、最初の一歩にすぎないのです。

　暴力団は、一度握った弱みに付け込んで、あるいは恩を売って、今度は依頼者から違法・不当な利益を得ようとします。いったん、自分から弱みを見せ、借りをつくってしまった人が、暴力団との関係を断ち切ることは並大抵のことではありません。

　特に、暴力団被害に対して、別の暴力団を利用して対抗しようとした場合、双方の暴力団から標的とされてしまい、より一層問題が複雑になってしまう可能性もあります。

　ですから、「暴力団を利用する」という、暴力団に接近し、暴力団との関係を自分からつくってしまうような愚かな行為は、絶対に慎まなければいけないのです。

　法律的な手段では時間やお金がかかるからといって、安易に暴力団を利用しようとする人がいます。しかし、暴力団を利用すると、逆に、暴力団の不当な要求の標的となってしまいます。

　暴力団に弱みを握られ、暴力団との関係を断ち切れないまま、気がついた

ときには自分も暴力団の一員となってしまっていたというケースもあります。

暴力団を利用すると、時間やお金には代えられない、はるかに大きなものを失う結果となるのです。

Ⅲ　暴力団には正当な手段で毅然と対処する

暴力団に対して対処する際に、最も大切なことは「毅然とした態度で臨むこと」です。不当な要求は断固として拒否するという、強い気持をもって、冷静に、毅然と対処することがすべての基本です。

しかし、自分１人で暴力団に対処しようとすることは、やはり困難や危険を伴うことがあります。そのようなときは、全国の警察や「暴力追放運動推進センター」に早急に相談しましょう。

また、全国の弁護士会でも「民事介入暴力対策委員会」あるいは「民事介入暴力被害者救済センター」を設置して、警察や「暴力追放運動推進センター」と緊密な連携をとりながら、民暴被害の予防と救済にあたっています。

些細なことでも、問題が深刻にならないうちに、これらの機関に相談し、強力なバックアップを受けることが、暴力団に対処するための王道であり、問題解決への一番の早道なのです。

Q26 暴力団被害を未然に防ぐ方法を学ぶのによい方法はあるか

暴力団被害を未然に防ぐために、暴力団が取引に介入してきたときの対応方法などを具体的に学んでおきたいと思いますが、何かよい方法はありますか。

Answer

I 不当要求防止責任者講習制度

暴力団対策法は、事業者が暴力団の不当な要求行為による被害を防止するために選任する責任者（不当要求防止責任者）について定めています（暴力団対策法14条1項）。そして、事業者が、この責任者の選任や、不当要求に対する具体的な対応方法の指導を受けられるよう、各都道府県の公安委員会が「資料の提供、助言その他必要な援助」（同条項）や「講習」を行う旨を規定しています（同条2項）。

これらの規定を受けて、各都道府県の公安委員会では、届出のあった不当要求防止責任者に対する「責任者講習」を実施し、不当要求行為に対する実践的な対応方法の指導を行っています。

II 不当要求防止責任者とは

不当要求防止責任者とは、「不当要求による事業者及び使用人等の被害を防止するために必要な業務を行う者」（暴力団対策法14条1項）をいいます。

不当要求防止責任者に資格制限はありません。しかし、不当要求防止責任者は、暴力団の不当要求行為について、次の①から④にあげるような業務を行う役割が期待されています。

ですので、不当要求防止責任者がその役割を十分に果たせるよう、一般に

は、事業所の業務全体を統括するような立場の方（「総務部長」など）がふさわしいでしょう。
① 不当要求に対応する従業員を定め、あるいは対応マニュアルを制定するなどの体制を整備する業務
② 従業員等に対する、不当要求行為に関する教育活動の計画を策定し、指導・教育活動を行う業務
③ 不当要求による具体的な被害が発生した場合に、速やかに被害状況を把握して原因を調査し、警察へ連絡することができる体制を構築する業務
④ その他、不当要求による事業者や従業員等の被害を未然に防止するために必要な業務（暴力団情勢の把握や事業者への情報提供等）

また、不当要求防止責任者を選任する事業所にも、大小の別などはありません。従業員を雇用している事業所であれば、法人・個人事業の別、あるいは民間事業・公益団体等の別も問いません。

暴力団等からの不当要求を受けやすい業種（風俗営業、飲食店営業、銀行その他の金融業、証券業、建設業、不動産業など）では、事業所、営業所ごとに1人ずつ選任しておくことが望ましいといえます。

Ⅲ 不当要求防止責任者講習

各都道府県の公安委員会では、各事業所で選任され、公安委員会へ届出された不当要求防止責任者を対象として、定期的に「不当要求防止責任者講習」を実施しています。

講習には、新たに不当要求防止責任者に選任されて1年以内の責任者に対して行われる「選任時講習」や、すべての責任者が選任されてからおおむね3年に1回行われる「定期講習」などがあります。

不当要求防止責任者講習を受講するためには、事業者が、不当要求防止責任者を選任したうえで、同責任者を都道府県公安委員会へ届け出ておく必要

があります。

　この届出は、事業所の最寄りの警察署や警察本部、あるいは暴力追放運動推進センターに備え付けてある「責任者選任届出書」（暴力団対策担当）を提出することで行うことができます。最近では、「届出書」の書式を、各警察本部のウェブサイトからダウンロードできるようになっているところもあります。

　責任者選任届出書の具体的な記入要領や提出の方法についても、最寄りの警察署や警察本部、あるいは暴力追放運動推進センターで相談することができます。

　不当要求防止責任者講習では、経験豊富な専門の指導員が、ビデオなどの視聴覚教材を活用し、模擬応対訓練を交えるなどしながら、実践的な講義を行います。

　この講義を通じて、不当要求防止責任者が、暴力団の情勢や活動の状況、暴力団対策法の概要とその活用方法、不当要求の手口や応対方法（心構えや具体的対応方法など）、そして、不当要求被害を受けた場合に警察等の関係機関と連携する方法など、暴力団の不当要求に対処するために必要十分な知識と技能を習得することができるよう、工夫されているのです。

　この講習は、受講者の負担はなく、教材も含めてすべて無料で受講することができるようになっています。

Q27 暴力団対策法はどのように活用できるか

Q15で暴力団対策法の内容についてはわかりましたが、暴力団による被害に遭ったときに、具体的にどのように活用できるのでしょうか。

Answer

I 暴力団対策法の規定

1 指定暴力団

暴力団対策法は、各都道府県の公安委員会が、各暴力団の目的や構成員における犯罪経歴保有者の比率など、一定の要件に該当する暴力団を「その暴力団員が集団的に又は常習的に暴力的不法行為等を行うことを助長するおそれが大きい暴力団」として指定することができる旨を定めています（暴力団対策法3条）。

この指定を受けた暴力団は「指定暴力団」（暴力団対策法2条3号）と呼ばれ、平成24年6月末現在、全国で21団体が指定を受けています。

なお、平成24年8月1日に改正暴力団対策法が公布され、同年10月30日に施行されます。同改正法では、事業者への危害行為や抗争事件を起こす暴力団を「特定危険指定暴力団」に指定し、同暴力団の構成員が一定の警戒区域で不当要求目的にに行う面会要求等を行った場合には、従来と異なり、行政命令（中止命令）を経ずに逮捕することができるといった規定が新設され、規制が強化されています。

2 暴力的要求行為の禁止

暴力団対策法は、次にあげる20類型（平成24年改正法では27類型）の「暴力的要求行為」を規定し、指定暴力団の構成員が、その指定暴力団の威力を示して暴力的要求行為を行うことを禁止しています（暴力団対策法9条）。

従来、民事事件との区別も曖昧であり、事件として検挙することが必ずしも容易ではなかった行為について、幅広く規制しています。

なお、上述の暴力団対策法改正により、不当な取引要求の規制範囲も拡大され、次の20類型以外に、金融商品取引業者等に対して金融商品取引行為を行うことを要求する行為、銀行等に対して口座開設を要求する行為、建設業者に対して建設工事を行うことを要求する行為なども規制の対象に追加されました。

① 口止め料要求行為　個人の秘密や企業の不祥事などを公にしない見返りとして、金品などを要求する行為です。

② 寄付金等要求行為　名目を問わず、金品等を贈与するよう要求する行為です。

③ 下請け参入等要求行為　建設工事等の請負業務について、受注者や発注者が断っているにもかかわらず、当該工事の下請けへの参入などを要求する行為です。

④ みかじめ料要求行為　暴力団の縄張り内で店舗などを営業している者に対して「ショバ代」などと称し、営業を認める見返りとして金品等を要求する行為です。

⑤ 用心棒代等の要求行為　暴力団の縄張り内で店舗などを営業している者に対して「守ってやる」等として用心棒代を要求したり、業務に必要な物品等の購入を要求する行為です。

⑥ 債権取立行為　法律上の制限を超える高金利の支払いを要求する行為（6号）や、他人の依頼を受ける等して、乱暴な言動や迷惑を覚えさせるような方法で債務の履行を要求する行為（6号の2。平成24年改正法では7号）です。

⑦ 借金の免除や借金返済の猶予の要求行為　家賃や飲食代等の債務の不払いや免除、あるいは支払いの猶予を不当に要求する行為です。

⑧ 不当な貸付け・手形割引の要求行為　金銭貸付業務を営んでいない

者に対して、みだりに金銭の貸付けを要求したり、金銭貸付業者（銀行等）が拒絶しているにもかかわらず金銭の貸付けを要求したり、金銭貸付業者に対して、著しく有利な条件での金銭の貸付けを要求する行為です。

⑨ 不当な信用取引の要求行為　証券会社に対し、証券会社が拒絶しているにもかかわらず、信用取引を行うことを要求したり、著しく有利な条件での有価証券の信用取引を要求したりする行為です。

⑩ 株式買取等要求行為　株式会社やその子会社に対して、当該会社の株式の買取りなどを要求したり、当該会社の役員や株主に対し、その者が拒絶しているにもかかわらず、著しく有利な条件で当該会社の株式を買い取ることを要求したりする行為です。

⑪ 地上げ行為　所有権や賃借権など、不動産を正当に使用する権原を有している者に対して、その意思に反して明渡しを要求する行為です。

⑫ 土地・家屋の明渡し料を要求する行為　競売の対象となるような土地または建物を占拠したり自己の氏名を表示したり（支配の誇示）して、不動産の所有者やその債権者に対して明渡し料等の名目で金品等を要求する行為です。

⑬ 示談介入行為　人から依頼を受ける等して交通事故等の損害に関する示談交渉を行い、損害賠償として金品等を要求する行為です。

⑭ 金品等要求行為　商品の些細な欠陥を誇張するなどして、損害賠償や損失補填等の名目で金品を要求する、いわゆる「因縁を付ける」行為です。

⑮ 認可等要求行為　行政庁に対し、法令の要件を満たさないのに許認可を要求し、または要件に該当するのに不利益処分を行わないよう要求する行為です。

⑯ 認可等排除要求行為　行政庁に対し、法令の要件を満たしている者に許認可をしないよう要求し、または要件に該当していない者に不利益処分を行うよう要求する行為です。

⑰　入札参加要求行為　　国や地方公共団体などに対し、参加資格がないのに、公共工事の入札に参加させるよう要求する行為です。

⑱　入札排除要求行為　　国や地方公共団体などに対し、参加資格を有する者を公共工事の入札に参加させないよう要求する行為です。

⑲　公共工事契約排除要求行為　　国や地方公共団体などに対し、特定の者を公共工事の契約の相手方としないよう要求する行為です。

⑳　下請けあっせん要求行為　　国や地方公共団体などに対し、自己を公共工事における下請業者として参入させるよう、元請業者を指導すること等を要求する行為です。

3　準暴力的要求行為

　指定暴力団員以外の者が暴力的要求行為を行うことを「準暴力的要求行為」といいます（暴力団対策法2条8号）。

　準暴力的要求行為については、①指定暴力団員が指定暴力団員以外の者に対して、その指定暴力団等の威力を示して準暴力的要求行為をするように要求し、依頼し、あるいは唆す行為、②指定暴力団員と一定の関係を有している者（準構成員や周辺者）が、その指定暴力団等の威力を示して準暴力的要求行為を行うこと、が禁止されています（暴力団対策法12条の3・12条の5）。

Ⅱ　暴力団対策法の中止命令

　暴力団対策法は、暴力団員が暴力的要求行為を行った場合、都道府県公安委員会は、その暴力団員に対して「中止命令」を発令できると定めています（暴力団対策法11条1項）。また、公安委員会は、暴力団員が繰り返し暴力的要求行為を行うおそれがあると認める場合には、さらに再発防止命令を発令することもできます（同条2項）。

　これらの命令に違反した暴力団員は刑罰の対象となります（暴力団対策法47条1号・2号）。

　準暴力的要求行為についても、暴力的要求行為と同様に、公安委員会が中

止命令や再発防止命令を発令することができ（暴力団対策法12条の4・12条の6）、命令に違反した者は刑罰の対象となります（同法47条3号・4号）。

　以上のような暴力団対策法の規定を上手に活用するためには、暴力団等から不当要求行為を受けた場合に、毅然と要求を拒絶することはもちろんのこと、相手方の属性（所属組織、氏名、連絡先等）や要求行為の具体的内容・理由等を記録する等したうえで、速やかに警察や弁護士に相談することが肝要です。

85

Q28 暴力団被害に遭ったときはどこに相談すればよいか

> 暴力団の被害に遭ったときに、まずどこに相談すればよいのでしょうか。

*A*nswer

I 正攻法で対処すること

　暴力団は、その名の示すとおり、暴力的な行為を常套手段として違法・不当な利益を得ることで生活の糧を得ています。

　暴力団は、従来、恐喝、脅迫、暴行といった手法で違法・不当な利益を得ていましたが、暴力団対策法の施行などに伴い、最近では「暴力団関係企業」や「社会運動等標ぼうゴロ」などへと変質し、その素性を隠して（一般人や一般企業のふりをして）市民の経済活動に介入し、違法、不当な利益をあげているケースが増えています。

　たとえば、貸付金の回収や交通事故の示談交渉、不動産の売買や会社の倒産などに「代理人」などと称して介入したり、会社や個人のスキャンダルに付け込むなどの方法で、違法・不当な利益を得るために活動しているのです。

　どんなに手口や姿を変えても、暴力団が違法・不当な集団であることに変わりはありません。すなわち、暴力団への対応の大原則は「毅然とした態度で臨むこと」であり、これに尽きます。暴力団の不当要求には、毅然とした、断固たる態度で臨むこと、裁判手続や警察対応といった正攻法で淡々と対処することが解決の早道です。

　暴力団に対して、金銭を支払ったり、あるいは逆に暴力団を利用したりして問題の解決を図ろうとする人がいますが、全く誤った考え方です（Q25参照）。

暴力団に金銭を提供するような人や企業は、繰り返し暴力団の標的となり、結果として破滅の道を歩むことになります。また、一度でも暴力団を利用すれば、自ら暴力団と密接な関係をもつことになり、逆に暴力団に取り込まれてしまい逃れられなくなったりします。

少しでも被害を小さく防ぐためには、暴力団被害を受けたときに、速やかに、暴力団対策に関する専門家の応援を受け、その豊富な知識やノウハウに基づいて、正攻法で対処できるような体制を日頃から整えておくことが大切です。

Ⅱ 相談窓口

1 警察

各都道府県警、あるいは所轄の警察に対して暴力団被害に対する相談をすることができます。

既述のとおり、近時の暴力団は、その素性を隠して市民の経済活動に介入し、違法、不当な利益をあげる傾向がありますが、そもそもは暴力的な犯罪行為を常套手段として違法・不当な利益を得てきた集団です。

したがって、暴力団の不当要求行為が犯罪行為の性質を帯びてきたと思われれば、速やかに所轄警察署へ相談しましょう。

たとえば、警視庁では24時間対応の「暴力ホットライン」(03-3580-2222)を設置して相談に応じています。

2 暴力追放運動推進センター

暴力団対策法32条の2（平成24年改正法では32条の3）では、暴力追放運動推進センターについて規定しており、これを受けて、全国暴力追放運動推進センターおよび各都道府県に暴力追放運動推進センターが設置されています。

暴力追放運動推進センターは、暴力団追放運動を民間レベルでも活発にするために、暴力団員による不当な行為の予防に関する知識の普及などのため

の広報活動、暴力団員による不当な行為に関する相談、あるいは暴力団員による不当な行為の被害者に対する金銭的支援（見舞金の支給や民事訴訟の支援など）などを行っています。

3　弁護士会

日本弁護士連合会の呼びかけに応じて各都道府県の単位弁護士会内に民事介入暴力被害者救済センターが設置されており、担当弁護士が、暴力団被害（民事介入暴力被害）に関する相談に応じています。

必要に応じて、訴訟等の対応を行う弁護士の紹介や、複数の弁護士による弁護団の組成まで、幅広く機動的に対応しています。

4　まとめ

暴力団には、毅然と正攻法で対応することが大切だということはすでに繰り返し述べてきましたが、やはり1人や一企業でできることには限界があります。

警察のほか、上記の各団体では、暴力団対策の経験が豊富な専門家から支援を受けることができますので、暴力団被害に遭ったり、あるいは少しでも不安なことがあれば、速やかに相談して応援を求めるようにしましょう。

Q29 暴力団排除条項はどのように活用するのか

> 暴力団との取引を遮断するために、契約書に「暴力団排除条項」を入れておくとよいと聞きました。「暴力団排除条項」とは何ですか。また、どのように活用するのでしょうか。

Answer

I　暴力団排除条項とは

　暴力団排除条項とは、契約書や取引約款などに定められる条項で、暴力団や暴力団員をはじめとする「反社会的勢力」が契約の相手方となることを拒絶するとともに、契約の相手方が反社会的勢力であることが判明した場合や、暴力的な要求行為などに及んだ場合には、その契約を直ちに解除して反社会的勢力との取引を解消できることを規定しているものをいいます。

II　暴力団排除条項の意義

1　いわゆる「政府指針」の規定

　「政府指針」(Q17参照)は、暴力団排除条項について「契約自由の原則が妥当する私人間の取引において、契約書や契約約款の中に、①暴力団を始めとする反社会的勢力が、当該取引の相手方となることを拒絶する旨や、②当該取引が開始された後に、相手方が暴力団を始めとする反社会的勢力であると判明した場合や相手方が不当要求を行った場合に、契約を解除してその相手方を取引から排除できる旨を盛り込んでおくことが有効である」として、各種の取引契約に暴力団排除条項を盛り込むことを推奨しています(Q19参照)。

2 いわゆる「暴力団排除条例」の規定

昨今、各都道府県が相次いで施行している「暴力団排除条例」でも、暴力団排除条項を導入することが求められています。

たとえば、東京都暴力団排除条例18条2項では、事業者が契約を締結する場合に「当該事業に係る契約の相手方又は代理若しくは媒介をする者が暴力団関係者であることが判明した場合には、当該事業者は催告することなく当該事業に係る契約を解除することができること」を契約に盛り込むよう努めることを規定しています。

3 暴力団排除条項の機能

(1) 予防的機能

暴力団排除条項には大きく2つの機能があるといえます。

1つは、暴力団排除条項を導入することにより、取引に入る手前の段階で反社会的勢力を排除することが期待できるという予防的な機能です。

すなわち、契約書に暴力団排除条項を導入している相手（企業）と契約を締結しようとする場合、反社会的勢力側とすれば、契約を結んだとしても、いつこの条項を発動されて契約を解除されるかわからないという非常に不安定な立場におかれることになります。したがって、暴力団排除条項を導入することで、反社会的勢力側が「このような相手とは契約をしないほうがよい」と判断して、そもそも取引を諦めることが期待できるのです。

また、暴力団排除条項の中には、自分が暴力団を含む反社会的勢力でないことを表明し、保証する内容や、暴力団排除条項が適用されて契約が解除された場合には、解除された側が、解除に伴って生じた一切の損害を賠償しなければならない、といった内容が含まれることもあり、このような内容であれば、なおさら反社会的勢力が取引を断念することが期待できるということになります。

(2) 取引の遮断機能

2つ目は、暴力団排除条項の存在を理由に契約の締結を拒み、また実際に

暴力団排除条項を適用して契約を終了させることによって、暴力団を含む反社会的勢力との取引を遮断することができる機能です。

　商取引の交渉過程で、相手方が反社会的勢力であることが判明した場合、契約締結前の段階であれば、商取引は自由に断ることができるのが原則です。この場合、単に「契約を締結しない」といって謝絶するのではなく、「当社では暴力団排除条項があるため契約ができない」、「暴力団排除条項に該当しないかどうか確認させていただきたい。確認に応じていただけないなら契約は締結できない」、あるいは「自分が暴力団を含む反社会的勢力でないことを表明し、保証していただけないのであれば契約は締結できない」などと明確な理由をもって取引を毅然と拒むことが考えられるのです。

　また、もちろん、契約締結後に相手方が反社会的勢力であることが判明した場合には、暴力団排除条項をストレートに適用して、契約を解除し、場合によっては契約解除によってこちらが被った損害の賠償を相手方の反社会的勢力に求めることも考えられます。

Ⅲ　具体例と活用法

1　具体例

　暴力団排除条項には、取引の種類などによってさまざまなバリエーションがありますが、一例として次のようなものがあげられます。

　取引当事者が、相互に、自らが暴力団等の反社会的勢力ではないこと、および暴力的な要求行為などを行わないことを確約し、相手方がこの確約に違反した場合には直ちに契約を解除することができる、という内容です。

［規定例］
第●条
1．甲及び乙は、相互に、現在及び将来にわたって、暴力団、暴力団員、暴力団員でなくなった時から5年を経過しない者、暴力団準構成員、

暴力団関係企業、その他これらに準ずる者（以下これらを「暴力団員等」という。）のいずれにも該当せず、暴力団員等と社会的に非難されるべき関係を有していないことを確約します。
2．甲及び乙は、自ら又は第三者を利用して、暴力的行為、不当要求行為、脅迫的言動、詐術、信用毀損行為、及び業務妨害行為を行わないことを確約します。
3．甲又は乙が、前2項のいずれかにでも違反した場合には、何らの通知・催告も要さず当然に、本契約に基づく債務について期限の利益を喪失し、また、相手方は、何らの催告も要さずに本契約を解除することができます。

2　活用方法と留意点

　注意しなければいけないのは、いずれの場合でも、相手方が反社会的勢力であることを具体的に主張・立証する責任は、契約締結を拒み、あるいは暴力団排除条項を適用して契約を解除しようとする側にある、ということです。
　したがって、新聞記事やインターネットの情報、信用情報機関や暴力追放運動推進センターなどを通じて、日頃から情報を収集しておく必要があり、実際に暴力団排除条項を適用する場合には、警察を通じて相手方の属性について確度の高い情報を得ておく必要があるといえるでしょう。
　少なくとも、根拠のない噂話や情報源の不明確な情報などを根拠にして、安易に暴力団排除条項を適用するようなことは厳に慎まなければなりません。

Q30 暴力団排除条例が施行されたことによって何をしなければならないか

「暴力団排除条例」が施行されたと聞きましたが、具体的に何をしなければいけないのでしょうか。

Answer

I 政府指針

　平成19年6月19日、政府は、暴力団の資金源を封じ込め、暴力団を壊滅に追い込むべくいわゆる「政府指針」（Q17参照）を策定し、公表しました。政府指針は、企業に対し、反社会的勢力による不当要求に応じず、これを断固拒絶するよう求めています。

　これは、社会から暴力団を含む反社会的勢力を排除していくこと、特に反社会的勢力の活動を助長するような資金提供を行わないことは、企業の果たすべき重要な社会的責任の1つであるという考え方に基づくものです。

　このような考え方に基づき、政府指針は、企業に対し、反社会的勢力との取引を含めた一切の関係を遮断することも求めています。これは、相手方が反社会的勢力である場合には、たとえ合理性があると思われても取引に一切応じないこと、また、すでにある取引関係は速やかに解消すべきであることを意味する、画期的な内容です。

　政府指針の公表に伴い、反社会的勢力と取引を含めた関係を有している企業に対しては、以前にも増して強い社会的非難が向けられるようになりました。

　そこで多くの企業は、政府指針の内容に従って、契約書へ「暴力団排除条項」を導入するなどの暴力団対策を進めてきました。たとえば、銀行取引に関する諸規定や、賃貸借契約書のひな形などに「暴力団排除条項」が盛り込

まれるようになり、預金取引や賃貸借取引などから効果的に暴力団を排除するしくみがつくられています。

Ⅱ 暴力団排除条例

1 暴力団排除条例とは

　政府指針はあくまでも「指針」であって「法律」や「条例」ではありませんので、法的な拘束力を有していません。したがって、政府指針に従わなかったとしても、直接罰則を受けたりするようなことはありません。

　もちろん、先ほどご説明したように、政府指針に従わずに反社会的勢力との関係を維持している企業は、社会から厳しい非難の目を向けられるのですが、それ以上に、罰則を科されるような性質のものではありません。

　そのような状況を踏まえ、政府指針の示す「反社会的勢力（中でも暴力団）との一切の関係の遮断」を、法的な裏づけのある形で強力に推し進めるために、相次いで「暴力団排除条例」が制定され、施行されてきました。

　平成23年10月1日に、東京都と沖縄県で、それぞれ「東京都暴力団排除条例」および「沖縄県暴力団排除条例」が施行され、これで日本全国47の全都道府県において暴力団排除条例が施行されたことになります。

　暴力団排除条例は「暴力団を恐れない」、「暴力団に資金を提供しない」、「暴力団を利用しない」という、いわゆる「暴力団追放三ない運動」のスローガンを基本理念とし、一般市民に一定の法的義務を課して、社会からの暴力団排除を強力に推進しようとするものです。

　暴力団排除条例の内容は都道府県ごとにさまざまであり、条例の求める行動や罰則もさまざまです。ここでは、一例として、東京都暴力団排除条例（以下、「都条例」といいます）をあげて、具体的にどのような取組みが求められているのかをご説明したいと思います。

2 威力利用の禁止

　事業者に対して、条例に列挙されている一定の規制対象者の威力を利用し、

威力を利用したことへの対価として利益を供与することを禁じています（都条例24条1項）。

3 助長取引の禁止

事業者に対し、暴力団の活動を助長し、または暴力団の運営に資することを知りつつ、規制対象者に対して利益を供与することを禁じています（都条例24条3項）。

4 属性の確認義務

事業者に対し、助長取引に該当する疑いのある契約を締結する際に、契約の相手方等が暴力団関係者でないことを確認するよう努める義務を課しています（都条例18条1項）。

5 暴力団排除条項の導入義務

事業者が事業に関する契約書を作成する際には、相手方等が暴力団関係者であることが判明した場合に無催告でその契約を解除して、速やかに反社会的勢力との関係を遮断できるような特約（いわゆる暴力団排除条項）を導入するよう努める義務が課されています（都条例18条2項）。

6 不動産取引における暴力団排除義務

東京都内に所在する不動産を譲渡したり賃貸しようとする場合には、目的となる不動産が暴力団事務所として利用されることのないよう、用途の確認をすること、および契約書に暴力団事務所としての使用を禁じる特約や暴力団事務所として使用されていることが判明した場合には契約の解除や目的不動産の買戻しができる特約を設けるよう努める義務が課されています（都条例19条）。

7 罰則等

都条例は、都条例を守らない事業者について、是正の勧告（都条例27条）や事実の公表（都条例29条）、あるいは違反行為の中止を命ずる（都条例30条）ことができると規定し、中止の命令にも従わないような場合には懲役や罰金等の罰則が科されることがあります（都条例33条）。

Q31　弁護士会の相談窓口ではどのような活動をしているか

> 警察のみならず弁護士会にも暴力団被害の相談窓口があり、暴力団被害については相互に協力して対応していると聞きましたが、具体的にどのような活動をしているのでしょうか。

Answer

I　警察と弁護士の役割

　市民の安全を守り、社会秩序を維持するのが警察の役割であることは疑いありませんが、弁護士もまた「基本的人権を擁護し、社会正義を実現」(弁護士法1条)するという使命を負っており、暴力団被害の根絶のために尽力すべき立場にあることは間違いありません。

II　暴力団被害の多様化

　暴力団は「その団体の構成員が集団的に又は常習的に暴力的不法行為等を行うことを助長するおそれがある団体」(暴力団対策法2条2号)であり、暴力的な行為を常套手段として違法・不当な利益を得て生活の糧としています。
　従来「ヤクザ」「極道」「博徒」「的屋」などといわれていた者が、社会や経済の変化に伴って「暴力団」そして「暴力団関係企業」や「社会運動等標ぼうゴロ」などへと変質し、一般社会に巧みに入り込んで違法・不当な利益を得ているのが実態です。
　すなわち、近時では、暴力団がその素性を隠して、場合によっては一般の企業活動のふりをして市民の経済活動に介入し、違法、不当な利益をあげているケースが増えています。たとえば、債権の取立て、示談交渉、地上げ、会社の倒産など、民事事件として多額の金銭が動く場面に「代理人」などと

称して介入したり、会社の不祥事に付け込むなどして、違法・不当な利益を得ようと活動しています。

したがって、暴力団の関与する事件も、従来であれば、恐喝、脅迫、暴行といった犯罪であり、主に刑事事件として警察に取り扱われ解決されていたものが、民事事件の領域にも広がりをみせ、その境界が不明確となっている場合も多々みられるようになっています。

このように暴力団の活動が複雑かつ多様化している現代においては、「警察は刑事事件を取り扱い、弁護士は民事事件を取り扱う」という形式的な対応は、暴力団被害への対抗策としては全く不十分といえます。

暴力団が市民の経済活動に介入し、違法、不当な利益をあげているケースでは、弁護士も法的手続を駆使して暴力団被害に対する対策を講じ、刑事事件に発展しうると思われるケースでは警察との積極的な連携を図る必要があります。

このような観点から、弁護士会でも暴力団被害に対応するための相談窓口や委員会を設置し、警察と緊密に連携して対応しています。

Ⅲ 弁護士会の相談窓口

1 民事介入暴力被害者救済センター

全国52の単位弁護士会内に民事介入暴力被害者救済センターが設置されています。

日本弁護士連合会は、昭和55年に民事介入暴力対策委員会を設置するとともに、全国52の単位弁護士会内に民事介入暴力の被害者の救済にあたるための組織を立ち上げるよう呼びかけました。これに呼応して設置されたのが民事介入暴力被害者救済センターです。

民事介入暴力被害者救済センターでは、登録された担当弁護士が、暴力団被害（民事介入暴力被害）に関する企業や市民からの相談に対応しています。法的対応が必要な事件については、登録された担当弁護士の紹介も行ってお

り、複数の弁護士で対応することが必要と思われる事案については弁護団を組成して組織的に対応する場合もあります。

暴力団被害に遭った場合には、各弁護士会内に設置された民事介入暴力被害者救済センターへ電話や直接訪問する等の方法で相談と支援を求めることができます。

2　弁護士会相互の連携

東京三弁護士会（東京弁護士会、第一東京弁護士会および第二東京弁護士会）では、各会の民事介入暴力対策委員会で「東京三会民事介入暴力連絡協議会」を設置し、弁護士会の枠を越えて、暴力団被害根絶のために、情報の共有や警察との連携を強化しています。

Q32 暴力団被害に対する仮処分を活用した対応はどのようなものか

> 暴力団被害に対して法的手続をとることができると聞きましたが、具体的にどのような方法をとることができるのでしょうか。

Answer

I 「仮処分」とは

　法的手続というと、裁判所での裁判手続（訴訟）や調停手続などを思い起こされる方が多いかもしれません。もちろん、訴訟や調停も、暴力団の不当要求行為等に対する対抗手段としては有効であり、実効性も高いものです。

　しかし、事件の内容にもよりますが、訴訟や調停では、判決などの裁判所の結論が出るまでに一定の時間を要するのが実情であり、即効性のある手続とはいいがたい面があります。

　たとえば、現在、暴力団からの不当要求行為に日々悩まされているといった場合の対抗手段としては、必ずしもふさわしいとはいえない場合があるのです。

　仮処分とは、正式な訴訟手続の前に、裁判所が暫定的に一定の結論（決定）を出し、それに従った一定の執行手続（保全執行）を行うことができる手続であり、仮差押えとあわせて「保全処分」と呼ばれる手続です。

　この仮処分は、正式な裁判手続や調停手続に比べて短期間で結論（裁判所からの命令）が得られますので、たとえば「毎日のように暴力団が店へやって来て居座られている」あるいは「暴力団員が会社や自宅にしつこく電話をかけてくる」といった場合に、裁判所からこのような行為を禁止する「仮処分」の決定を得ることで、早期の解決が期待できるのです。

Ⅱ 「仮処分」の内容

　仮処分には、大きく分けて2種類あり、事案に応じて適切な方法を選ぶ必要があります。

1　係争物に関する仮処分（民事保全法23条1項）

　たとえば、暴力団員が権利もないのに土地や建物を占拠しているような場合に、その占有状態を固定するための「占有移転禁止の仮処分」や、暴力団員が実印等を無断で、あるいは無理矢理持ち出して自動車や不動産などの名義を勝手に移転してしまったような場合に、登記名義をそれ以上変更されないように固定するために申し立てる「処分禁止の仮処分」などがあります。

2　仮の地位を定める仮処分（民事保全法23条2項）

　たとえば、暴力団が毎日のように面会を求めて自宅や会社にやって来たり、電話をかけてくるような行為の禁止を求める「面談強要禁止の仮処分」や「架電禁止の仮処分」、えせ右翼団体の街宣活動の禁止を求める「街宣活動禁止の仮処分」、あるいは暴力団員が占拠したり組事務所として利用している建物の明渡しを求める「不動産明渡し断行の仮処分」などがあります。

Ⅲ　仮処分申立ての留意点

　既述のとおり、仮処分も裁判手続の一種であり、申立書に、相手方や暴力団被害の実態を具体的に記載した申立書を作成し、これに申立書に記載した主張を裏づける資料を添付する必要があります。

　ですから、仮処分手続を利用して暴力団被害に対抗しようと考える場合には、まず、相手方そして被害状況を具体的に特定すること、そして、その裏づけ（証拠）を収集しておくことが非常に重要です。

　たとえば、相手方の名刺を保管しておいたり、相手方との面談や会話の状況を録音・録画したりメモに残しておくことが考えられます。事態が長期化している場合には、経緯をわかりやすくまとめて記載した「陳述書」という

書面を作成するのも有用です。

IV 審尋手続

　申立てがあると、裁判所は、原則として相手方を裁判所へ呼び出し、「審尋」と呼ばれる手続で、申立人のみならず相手方の言い分も聞いたうえで、申立人の申立てに理由があるかどうかを判断し、理由があると判断した場合に仮処分決定を出します。申立てから「審尋」を経て仮処分決定に至るまでの期間は、通常の裁判手続に比べて短く、事案によっては「審尋」を行わずに即日で決定が出されるケースも稀にあります。

　また、審尋の過程で、相手方が以後民暴行為を行わないと誓約し、裁判官の面前で和解することで事案が解決することもあります。

　なお、すでに述べたとおり、仮処分手続はあくまでも正式な訴訟手続の前に、裁判所が暫定的に一定の結論（決定）を出す手続であることから、決定が出される前提として保証金を供託する必要があります。保証金の金額は事案によってさまざまであり、一概には申し上げられませんが、暴力団被害に対して仮処分手続を行おうとする場合には、比較的低額に設定される傾向が見受けられます。

V 仮処分決定に従わない場合

　裁判所から仮処分決定が出たにもかかわらず、相手方が決定に従わない場合には、違反行為について「1回あたり○○円を支払え」といった命令をあらためて裁判所から得て、仮処分に従うように強制する方法（間接強制手続）があります。この命令にも従わない場合には、相手方の財産を差し押さえる手続をとることも可能です。

　また、仮処分という裁判所の決定すら守らないという点で、相手方の行為の違法性は高いといえますので、捜査機関に対して強要罪、脅迫罪あるいは恐喝罪といった刑法犯で検挙してもらうよう相談することも考えられます。

Q33　暴力団被害に対して法的対応をとる場合に費用の補助等はないか

> 暴力団被害に対して法的手続をとろうと思いますが、費用が心配です。公的な補助などは受けられないのでしょうか。

Answer

I　法的対応の必要性

　暴力団は、私たち一般市民の日常生活に潜伏し、違法・不当な利益をあげるために活動しています。暴力団の標的とされ、その被害に遭った方は、通常、何らの落ち度もないまま、一方的に攻撃を受け、正当な権利を侵害されています。

　法治国家であるわが国では、権利を侵害された方は、権利を侵害した者に対して、法的手続を通じて制裁と被害の回復を求めていくべきです。

　被害の対応によって具体的な方法はさまざまですが、一般には代理人弁護士を通じた内容証明郵便（警告書等）の発送、弁護士を通じた交渉、仮処分、調停、訴訟等の裁判手続、刑事告訴等があげられます。

II　法的手続に必要となる費用

　法的手続に際して必要となる費用としては、印紙代、郵券代、（仮処分の場合の）担保金、弁護士や司法書士の費用等があげられます。

　印紙代は手続によって異なりますが、「民事訴訟費用等に関する法律」という法律に詳細な規定があります。

　郵券代は裁判手続のみならず、内容証明郵便の発送などの場合にも必要となります。

　仮処分手続の担保金は、裁判官が事案の性質や申立ての内容を考慮して決

定しますので、一概に金額を定めることは難しいですが、Q32でも説明したように、暴力団被害の回復のために仮処分申立を行う場合には比較的低額に設定される傾向があります。

弁護士費用については、従来、日本弁護士連合会や各弁護士会が弁護士報酬規程を定めていたのですが、現在ではいずれも廃止され、各弁護士が独自に報酬規程を定めることとされています。

Ⅲ 費用を援助するしくみ

暴力団の標的とされ、違法・不当な方法で利益を奪われた方は、そもそも社会的に弱い立場にあることが多く、被害回復のために権利を行使しようと思っても、費用を考えると二の足を踏んでしまうという残念なケースがあるのも実情です。

そこで、そのような方々のために、次のような支援のしくみが用意されています。

1 日本司法支援センター（法テラス）

日本司法支援センターは、総合法律支援法という法律に基づいて設立された法人であり、総合法律支援に関する事業を行うことを目的としています（同法14条）。

日本司法支援センターは、裁判などを通じて紛争を解決するしくみをより利用しやすくすることや、弁護士等の専門家の法的サービスをより利用しやすくするための総合的な支援を行って、法律に基づいた紛争解決のために必要な情報やサービスの提供が全国どこでも、誰でも受けられるような社会の実現をめざしています。

日本司法支援センターでは、相談者の収入が一定の条件以下であることや、紛争の内容として勝訴の見込みがないとはいえないもの、等のいくつかの要件の下に、弁護士や司法書士費用の立替えを行っています。

2　暴力追放運動推進センター

　暴力団対策法に基づいて、全国暴力追放運動推進センターおよび各都道府県に暴力追放運動推進センターが設置されています。暴力追放運動推進センターは、暴力団被害の予防に関する知識の普及などのための広報活動、暴力団員による不当な行為に関する相談を行っています。

　そして、暴力追放運動推進センターでは、暴力団員による不当な行為の被害者に対する金銭的支援の一環として、一定の要件の下に、暴力団被害について法的対応をとろうとする方へ費用の貸付けを行っています。

3　暴力団被害救済基金

　日本弁護士連合会民事介入暴力対策委員会を中心として設立された暴力団被害救済基金でも、暴力団被害の被害者が法的手続を通じてその回復を図ろうとする場合に、一定の条件の下で支援金を支給するしくみを設けています。

Q34　暴力団排除について各業界ではどのように取り組まれているか

さまざまな業界団体が、業界からの暴力団排除に取り組んでいると聞いたことがあります。実際のところ、どのような業界において、どのような取組みがなされているのでしょうか。

*A*nswer

I　金融業

1　証券業

　証券取引、特に上場株の取引には、総会屋の介入を許すことで、総会屋が暗躍の機会を手にすることになり、また、暴力団関係者の介入を許すことで、暴力団関係者による上場企業の乗っ取りの機会を与えてしまうなど、暴力団に違法な資金獲得活動の場を提供するという特有の危険があります。

　そこで、証券業界は、早くから暴力団をはじめとする反社会的勢力の排除に取り組んでいます。具体的には、平成18年11月に警察庁、金融庁、証券取引所（東京証券取引所等）、日本証券業協会（以下、「日証協」といいます）の参加により、証券保安連絡会・同実務者会議が設置され、同実務者会議による平成19年7月の中間報告において、証券業界における反社会的勢力との新規取引の一切禁止、反社会的勢力に該当することが判明した既存顧客の証券口座については閉鎖するなどの実務対応が確認されており、すでに、閉鎖に踏み切った実例も存在しています。

　また、平成21年3月には日証協内に証券保安対策支援センターが設置され、同センターが暴力団対策法上の不当要求情報管理機関の登録を受け、会員企業から反社会的勢力に該当する疑いがある者について個別の照会を受け付けています。さらに、日証協は平成22年5月に自主規制規則である「反社会的

105

勢力との関係遮断に関する規則」を制定し、新規顧客から口座開設前に反社会的勢力でない旨の確約を得ること、契約書または取引約款等に暴力団排除条項を盛り込むこと等を義務化するなど、他の業界より進んだ対策をとっています。

2　銀行業

銀行の融資取引は暴力団の資金獲得活動に直結するものであり、また、預金取引も暴力団の資金獲得活動における送入金口座、資金プール口座として使用される危険があるため、銀行業界は銀行取引からの暴力団排除を積極的に推進しています。

一般社団法人全国銀行協会(以下、「全銀協」といいます)は、平成20年11月には銀行取引約定書に盛り込むべき暴力団排除条項の参考例を加盟各行に通知しています。さらに、全銀協は、平成21年9月に普通預金規定、当座勘定規定および貸金庫規定に盛り込むべき暴力団排除条項の参考例を、平成23年6月になると一定の暴力団関係者や元暴力団員なども排除対象とした暴力団排除条項の改正例を、それぞれ加盟各行に通知するなどしています。

これを受けた加盟各行も暴力団排除に現実に取り組んでおり、一部の銀行では、東京都暴力団排除条例の施行に先立って、預金契約等からの暴力団員排除に具体的に取り組んでおり、すでに多くの実績を有しています。

3　保険業

生命保険業界や損保業界においては、これまでにも代理店契約からの暴力団排除に実績を有しています。もっとも、保険契約者からの暴力団排除については、平成20年5月に保険法が改正されたなどの事情もあり、証券業界や銀行業界のような具体的な動きはみられませんでした。

しかし、平成23年になると、社団法人生命保険協会が、6月に「生命保険業界における反社会的勢力への対応指針」を公表し、平成24年1月には、生命保険約款における暴力団排除条項の規定例と解説を公表するに至り、同日以降、加盟各社が、新規の生命保険契約にあたって暴力団排除条項導入に着

手し始めている状況にあります。

また、損保業界においても、損害保険契約に導入するモデル約款を策定中であり、今後、順次、損害保険各社の新約款に暴力団排除条項が導入される予定となっています。

II　不動産業・建設業

1　不動産業

不動産取引は金額が多額になり、これに介入することで得られる利幅も大きくなることから、従来から、暴力団の介入を受けることが多い取引分野といえます。また、不動産が暴力団の手に渡れば、それが暴力団組事務所として使用される危険がありますので、暴力団排除の必要性が特に高い取引といえます。

そこで、不動産業界においても、平成23年6月になると公益社団法人全国宅地建物取引業協会連合会、社団法人全日本不動産協会、一般社団法人不動産流通経営協会、一般社団法人日本住宅建設産業協会のいわゆる不動産流通4団体が、暴力団排除条項のモデル条項例を公表するなどして不動産取引への暴力団排除条項の導入が進められています。

2　建設業

建設業界も、従前から暴力団関連企業が介入して資金源を獲得してきた業界であり、また、最近でも東日本大震災後の復興事業に暴力団関係企業が介入して、多額の利益を得ている危険性が指摘されており、暴力団排除は、同業界においても重大な課題となっています。

この点、公共工事からの暴力団排除については、従前からさまざまな取組みがなされており、自治体の入札要項において暴力団関係企業であることが判明した業者については入札参加除外者とする運用が確立しており、これによる暴力団排除についてはすでに多くの実績があります。また、民間における建築工事においても、社団法人日本建設業団体連合会（現・日本建設業連

合会）内に設置された「反社会的勢力排除検討ワーキンググループ」が警察庁、国土交通省を交えた検討を行い、平成22年4月になると、「暴力団排除条項に関する参考例」を公表して、暴力団排除条項の実務導入が進められています。

Ⅲ まとめ

　平成19年6月19日の政府指針（Q17参照）の公表以降、暴力団をはじめとする反社会的勢力の排除は、全業種で進めることとされており、以上の例に限られず、現在、さまざまな業界において暴力団排除が進められています。

　上記の例に照らすと、暴力団員や暴力団関係者であれば、銀行預金口座や証券口座を保有することができず、また、銀行からの借入れなども当然できず、保険会社と保険契約を結ぶことも、不動産の売買や賃貸借もできないという社会情勢になっていることがおわかりいただけると思いますが、暴力団員や暴力団関係者が排除される取引は、以上に限られず、今後も拡大していくことが予想されます。

Q35 反社会的勢力との関係を遮断する社内体制はどのように整備すればよいか

> 当社でも暴力団被害を未然に防ぐために、暴力団などの反社会的勢力との関係を遮断する社内体制を整備しようと考えていますが、実務的にはどのような点に留意したらよいでしょうか。

Answer

I 社内体制整備の必要性

　平成19年6月19日に公表された政府指針（Q17参照）においても指摘されていますが、企業と関係を有する暴力団などの反社会的勢力は、従業員を標的として不当要求を行ったり、企業そのものを乗っ取ろうとしたりするなど、反社会的勢力と関係する企業は多大な損害を被る可能性があります。

　のみならず、暴力団排除の社会的気運が高まり続けている現在の社会情勢において、暴力団との取引を漫然と継続していると、暴力団排除条例における制裁を受けるのみならず、その会社までもが、取引先などから暴力団関係企業であると認識されてしまう可能性があり、実際に暴力団関係企業と認識されてしまった場合の不利益は計り知れないものになります（Q63参照）。

　したがって、暴力団などの反社会的勢力との関係遮断は、コンプライアンスや企業の社会的責任（CSR）の観点からのみならず、企業防衛の観点からも必要不可欠な要請となっています。

　そして、この関係遮断を実効的なものとするには、これを内部統制システムの一環であることを企業が自覚して、全社的な取組みとして社内体制を整備していくことが不可欠となります。

II　社内体制の概要と整備上の留意点

1　反社会的勢力排除のための社内体制の概要

　政府指針や暴力団排除条例の要請に応えうる社内体制は、新規の取引先が反社会的勢力に属する場合または関係すると疑われる場合には契約締結を謝絶すること（新規の謝絶）、そして、既存の取引先が反社会的勢力に属すると判明した場合には締結済みの契約関係を解消できること（既存の排除）が可能となる社内体制です。

　そして、このような体制を整備するためには、基本的に①基本方針の決定のための取締役会決議、②各担当部署の決定・創設、③暴力団排除条項の導入、④取引先の属性審査事務の確立が前提として必要となります。

　以下、各プロセスにおける留意点を説明します。

2　各プロセスでの留意点

(1)　基本方針の取締役会決議

　反社会的勢力リスク管理体制の整備に着手するにあたっては、まず、取締役会における基本方針の決議が必要となります。これは、反社会的勢力リスク管理体制は企業の内部統制システムの一環であり、その整備に関する決定は取締役会の専権事項だからです（会社法362条4項6号、同法施行規則100条）。

　この基本方針の実例は、いろいろな企業のウェブサイトにて確認することができます。

　そして、決議された基本方針は、代表者によって対内的および対外的に宣言しておくべきです。自社のウェブサイトに掲載するなどして対外的宣言を行えば反社会的勢力の接近を牽制する効果などが期待できますし、社内への周知文書を配布しておくことで対内的宣言をしておけば、会社全体の取組みであることを従業員に対して周知徹底を図ることができるからです。

(2)　担当部署の決定・創設

　次に、上記基本方針を実務フローにおいて実現していくためには、内部規

程や契約書の見直し、取引先の属性審査事務、有事の際の対応窓口といった新たに必要となる事務ごとに新たな担当部署を決定または創設する必要があります。

　この点、いずれの部署も契約の成約や既存顧客との関係維持に利害関係（営業ノルマや相手方との情宜）をもつ営業部門とは独立していることが重要となります。また、特に対応窓口となる部署については、相手方の対応に関与する従業員の心理的負担を分散・軽減する方策を尽くすことが必要です。対応窓口を特定の従業員に固定化し、しかもその従業員に対応方針の事実上の決定権限が与えられるような場合、同従業員の心理的な負担は過大なものになり、結果、相手方に対し取引継続についての言質を与えるような発言をしてしまう危険が想定できます。政府指針が求める「組織としての対応」を実効化するには、複数人での対応、対応窓口と決定権者との分離を確保することが肝要です。

　(3) 暴力団排除条項の導入

　暴力団排除条項（Q29参照）は、基本的に以後使用するすべての契約書に導入すべきですが、優先順位を付けて順次導入せざるを得ない場合、自社が提供するサービスや商品の内容・性質に照らして、暴力団の運営や暴力団の活動を助長する可能性のある契約から優先して導入を図るべきといえます。

　また、既存の契約についても、更新に際して、暴力団排除条項を導入した契約書に切り替えるであるとか、また、自社が暴力団関係企業にはあたらないことなどを誓約する内容の覚書を相互に差し入れるなどして、相手方が万が一暴力団関係企業であった場合には解除できるよう備えておくことが望ましいです。

　(4) 属性審査事務の確立

　取引相手の属性審査については、新聞記事検索サービスなどインターネットを利用して、取引相手の役員の検挙情報や暴力団との関係の有無を調査するといった側面調査を行うのが一般です。また、自社で行いうる側面調査と

しては、営業担当者に取引相手に暴力団関係企業であることを疑わせる事情がないかどうかの確認をさせ、報告を求めることも有用です。これら自社でなしうる側面調査において、暴力団と関係を疑わせる事情があれば、契約締結を謝絶するか、警察署に属性照会を行い（Q23参照）、暴力団との関係が否定できることを確認してから契約締結するといった判断をなすべきことになります。

また、属性審査においては、営業担当者が入手した情報なども取り込める自社独自のデータベースの構築を進めることが有用となります。集積すべきデータベースの基礎情報としては、自社に対する不当要求者にかかる情報、暴力団員やその共犯者の検挙情報、雑誌等における暴力団関連情報などが基本となります。

この点、警察は全国の暴力団員総数約4万人のうち6000人以上、準構成員総数約4万人のうち2万5000人以上を毎年検挙していますので、暴力団員やその共犯者の検挙情報を収集し続けるだけでも、それほどの年月を要さずして、相当な量の基礎情報を集積することができます。

Q36 暴力団幹部と交友関係をもっておいてもよいか

> 末端の構成員はともかく、暴力団幹部であれば、手荒なこともせず、話もわかると聞いたことがあります。そういう人と交友関係をもっておくことも悪くないように思いますが、いかがでしょうか。

*A*nswer

I 暴力団に「よい」「悪い」の区別はない

　まず、暴力団に「よい暴力団」と「悪い暴力団」の区別は一切ありません。そのことを肝に銘じてください。

　暴力団は、恐喝、脅迫、暴行といった手段を用いて、違法・不当な利益を得て生活の糧を得る集団です。近時は「暴力団関係企業」や「社会運動等標ぼうゴロ」などとして潜伏し、一般市民の経済活動に介入して、違法・不当な利益をあげています。

　ですから、暴力団で幹部の地位にあるということは、そのような違法・不当な行為に非常に長けた人間であるということの明確な証左なのです。むしろ、違法・不当な行動をとることに何の躊躇も覚えない、良心や道徳心の欠落した冷徹な人間であるからこそ、暴力団の世界で幹部にまで登り詰めたのだといえるでしょう。

II 暴力団追放の気運

1 政府指針

　平成19年6月19日に政府が策定し公表したいわゆる「政府指針」(Q17参照)では、企業に対し、暴力団を含む反社会的勢力の不当要求を断固拒絶し、反社会的勢力との取引を含めた一切の関係を遮断することを求めています。

これを受け、わが国では、反社会的勢力と取引を含めた関係を有している企業に対して、これまでにないほどの激しい社会的非難が向けられることは必定です。

　また、政府指針の内容に従って、契約書へ「暴力団排除条項」を導入するなど、さまざまな取引から効果的に暴力団等の反社会的勢力を排除するためのしくみが着々と整備されています。

2　暴力団排除条例

　すでにわが国の全都道府県において「暴力団排除条例」が施行されています。暴力団排除条例は、企業に限らず、一般市民に法的義務を課して、社会からの暴力団排除を推進しようとする取組みです。

　たとえば、東京都暴力団排除条例（以下、「都条例」といいます）では、暴力団の活動を助長するような利益供与の禁止や（都条例24条3項）、取引の相手方等が暴力団関係者でないことを確認するよう努める義務について規定しています（都条例18条1項）。

3　小　括

　このように、近年、わが国では一般市民社会から暴力団をはじめとする反社会的勢力を排除しようという気運が大変高まっており、暴力団と交友関係をもつことは、厳しい社会的非難の的とされることになります。

Ⅲ　暴力団と交友関係を有してはいけない

1　暴力団に付け入られ、逃れられなくなる

　前述したように、暴力団に「よい暴力団」も「悪い暴力団」もなく、違法・不当な行動をすることを厭わない集団であることに何ら違いはありません。

　ですから、末端の構成員ではない幹部だからといっても、交友関係をもつべき理由などはありません。交友関係をもてば、いずれ暴力団を利用するということにもなりかねず、また、違法・不当な利益を得ようとする暴力団に力を貸すということにもなりかねません。

紛争や困り事の解決に役立つ等と考えて、安易に暴力団と交友関係をもとうとする人がみられます。しかし、紛争や困り事の解決に暴力団を利用すれば、結局は、暴力団に弱みを握られ、暴力団との関係を断ち切れないまま、取り込まれてしまう結果となります。

　このように、暴力団と交友関係をもち、利用することで、違法・不当な行為に手を貸すことになるだけでなく、あなた自身が逆に暴力団に付け入られたり、取り込まれたりして、暴力団に利用され、暴力団から逃れられなくなるのです。

2　社会的非難を浴び、市民生活から排除される

　前述のとおり、一般市民社会からの暴力団排除の気運は近年、これまでにないほどの高まりと盛り上がりをみせています。

　その結果、たとえば銀行と取り交わす契約書や、マンションの賃貸借契約書にも「暴力団排除条項」が盛り込まれ、社会生活上の経済取引からも暴力団をはじめとする反社会的勢力は徹底して排除されています。このことは、暴力団のみならず暴力団と密接な関係を有するとされる人や企業であっても同じです。

　現在では、暴力団そのものだけではなく、暴力団と交友関係をもっているなど、密接な関係を有すると判断された人や企業についても、たとえば一定の取引を解除されたり、そもそも取引にすら応じてもらえないなど、一般市民社会から排除される対象となります。皆さんも、著名なタレントが暴力団員と密接な交際関係を有することが判明して大きな社会問題となったことはご記憶に新しいことと思います。

Ⅳ　結　語

　暴力団はすべて、違法・不当な利益を得て生活している集団であり、「よい暴力団」「悪い暴力団」の区別はなく、幹部だから「話がわかる」などということもありません。

また、ひとたび暴力団と交友関係をもてば、自分自身が暴力団に取り込まれたり、付け入られたりして、暴力団から逃れられなくなるばかりでなく、「暴力団と密接な関係を有する」として一般市民社会からも排除の対象とされてしまい、思わぬ社会的な不利益を被る可能性が高いといえます。
　このように、暴力団と交友関係をもっても、よいことは何ひとつありません。

Q37 暴力団員との付き合いを謝絶する場合、どのように対応すればよいか

> 暴力団員との付き合いを謝絶したいと思いますが、どのような心構えで、どのような対応をすればよいでしょうか。

Answer

I 対応の基本と心構え

1 日頃の心がけ

近年、暴力団の活動は、一般市民のごくありふれた経済活動にも潜伏するようになっており、通常の生活や経済活動を送っていても、ひょんなことから暴力団と接触し、関係をもったり、暴力団の被害に遭ってしまう可能性があります。

暴力団員との付き合いが始まってしまったきっかけはさまざまかと思われますが、頭では「暴力団排除が重要だ」とわかっていても、心のどこかで「少しくらいは付き合いがあっても」という、甘えや隙があったのではないでしょうか。

暴力団を徹底して排除するために大切なのは、私たち1人ひとりが、常に暴力団から狙われているという意識をもち、いざというときに素早く冷静な対応をとれるよう準備しておくことです。

2 暴力団はすべて「悪」である

暴力団は、元来、恐喝、脅迫、暴行といった手段を用いて、違法・不当な利益を得て生活の糧を得ている集団です。前述のように、近年の暴力団は、むしろ暴力団であることを隠して、一般の企業などのふりをして、一般の経済活動に介入して利益をあげています。

ですから、暴力団はすべからく「悪」であり、暴力団に「よい暴力団」や

「よいヤクザ」は絶対にありません。

　よく、ヤクザは人情があるとか、末端はダメだが幹部は話がわかる、などと言う人がいますが、全くの誤りです。本当に「人情がある人」は他人に迷惑をかけて違法・不当な利益を得ようとはしないはずです。また、「幹部」だということは、むしろ違法・不当な行為に長けていることの立派な証明です。

Ⅱ　暴力団と付き合うことのデメリット

1　暴力団に付け入られる

　暴力団と付き合っているうちに、だんだんと交友関係が深まり、いつしか、お互いに利用し、利用される関係となっていくことは必定です。

　暴力団は違法・不当な利益を得ることを目的とする集団ですから、付き合いが深まれば、あなた自身が違法・不当な行為に手を貸すことはもちろん、逆に暴力団に付け入られたり、取り込まれたりして、暴力団に利用され、暴力団から逃れられなくなるのです。

2　暴力団と同視されて社会的非難や排除の対象となる

　平成19年6月19日に政府が策定し公表したいわゆる「政府指針」（Q17参照）に始まり、わが国の全都道府県において施行されている「暴力団排除条例」などにみられるように、近時、わが国では一般市民社会から暴力団をはじめとする反社会的勢力排除の気運が高まっています。

　このような状況の下、暴力団と交友関係をもつということは、これまでにないほど厳しい社会的非難にさらされることになります。

　近年、著名人と暴力団関係者との交際が社会問題になっていますが、著名人に限った話ではなく、一般市民社会においても、暴力団関係者と交際することは厳しい非難の対象となります。

　また、反社会的勢力排除の具体的方策として、近時では、さまざまな契約書に「暴力団排除条項」が盛り込まれており、暴力団をはじめとする反社会

的勢力は、経済活動から徹底して排除されています。暴力団のみならず暴力団と密接な関係を有する人や企業も当然に排除の対象とされます。

暴力団と付き合いをもつということは、暴力団と密接な関係があるとして、あなた自身も社会生活から排除される対象となることを意味するのです。

Ⅲ　関係解消への取組み

1　冷静に毅然と

暴力団対応の基本は「対応は毅然として、拒否は断固として」であり、これに尽きます。

いたずらに相手を刺激するのではなく、毅然と、冷静に、今後一切の付き合いを解消することを告げる必要があります。

2　専門家の助力

冷静に毅然と対応することができればベストですが、やはりこれまでの付き合いを考えるとうまくいかない可能性が考えられます。

対処に困った場合には、警察や弁護士など専門家の助力を得ることが効果的です。全国の警察はもちろん、「暴力追放運動推進センター」、各弁護士会の「民事介入暴力対策委員会」や「民事介入暴力被害者救済センター」では、相互に緊密な連携をとって、暴力団被害の予防や救済に取り組んでいます。

暴力団等との付き合いを解消する際に、少しでも困難を感じたら、できるだけ早くこれらの機関に相談して助力を得てください。

3　正攻法で対処する

暴力団と付き合いがあると、こちら側にも落ち度があったり、暴力団に弱みを握られていたりするケースがあります。場合によっては、暴力団の要求する内容に、法的な理由がないとはいえないというケースも考えられます。付き合いを解消する場合でも、何らかのの落ち度に付け込まれて金銭の要求などをされる可能性があります。

しかし、仮に暴力団の要求内容に法的な根拠があると思われる場合でも、

暴力団の一方的な要求内容に従う必要はありません。そのようなときこそ、仮処分手続や裁判手続など、法的手続を利用し、裁判所を介在させて明快で合理的な解決をめざすべきです。

　暴力団は、法的対応をすると話がこじれる等といって自分の要求に従わせようとしますが、これは裁判所など、第三者の介在する合理的な紛争解決手段を嫌っていることの証拠です。暴力団はそういった日の当たる明るい場所での公明正大な解決方法では、自分にとって分が悪いことをよく知っているのです。

　ですから、自分に落ち度がある、暴力団に弱みを握られていると感じるような場合にこそ、むしろ、積極的に法的手続を利用して問題を解決すべきなのです。

Q38　暴力団に対峙する際にはどのような心構えが必要か

> 暴力団排除の必要性はよくわかりましたが、やはり報復や嫌がらせをされるのではないかと心配です。暴力団に対峙する際の心構えについて教えてください。

Answer

I　暴力団の実相

1　暴力は手段にすぎない

　暴力団は「その団体の構成員が集団的に又は常習的に暴力的不法行為等を行うことを助長するおそれがある団体」（暴力団対策法2条2号）であり、暴力的な行為によって違法・不当な利益を得て生活の糧としている集団です。したがって、暴力団は、自らの存在や行動が反社会的であり、違法・不当であることを十分に自覚し、認識して行動に及んでいます。

　そして、そういった行動そのものが目的なのではなく、あくまでもめざすのは違法・不当な「利益」を獲得することです。

　つまり、暴力団にとって、暴力的な行為、違法・不当な行為はあくまでも利益を得るための手段にすぎないという観点がまず大切です。

2　スタートダッシュは速いが持久力がない

　上記のように暴力団は、自らが違法・不当なことをしていると自覚しながら、暴力を手段として利益を獲得することをめざして行動しています。ですから、暴力団は、私たち以上に相手方を見抜く勘が鋭く、場の空気にも敏感です。そして、初めの段階で相手方に強い揺さぶりをかけて、自らの力を誇示し、相手を威圧してしまおうと襲いかかってきます。

　言い換えれば、最初の段階で「この相手は与しやすい」と判断すれば、何

度でも執拗にアプローチをかけてきますが、逆に「この相手はいくら揺さぶっても脅しが効かない」と判断すれば、不当な行為を打ち切って、すぐに次の相手を探しにいくという傾向があります。

　このことは、暴力団が、あくまでも違法・不当な「利益」の獲得をめざす集団であって、暴力的な行為、違法・不当な行為はそのための手段にすぎないということからもわかります。

　暴力団とすれば、いくら揺さぶっても脅しの効かない相手に、延々と違法・不当な行為を続けることは、いつまで経っても利益を得られないどころか、かえって違法・不当な行為に基づいて法的手続をとられたり、警察に検挙されたりするリスクが高まることを意味します。

　暴力団は、経済的な利益と検挙などをされるリスクを天秤にかけて、前者が得られる可能性がある間は執拗に攻撃してきますが、後者が前者を上回ったと判断するや、さっさと手を引いてしまうのです。

　このように、暴力団は、相手に襲いかかる一番初めの段階で自らの力を誇示しようと、強い揺さぶりをかけてきますが、反応の鈍い相手方に延々と攻撃を続けることはありません。これが「スタートダッシュは速いが持久力はない」ということの本当の意味です。

II　暴力団と対峙する心構え

1　日頃から危機意識をもつ

　近時、暴力団の活動は、私たちの市民生活や日常の経済活動に潜伏し、非常に接近しています。ですから、私たちも、いつでも暴力団被害に遭う可能性があるという意識をもっておくことが大切です。

　普段から意識をもっておくことで、いざというときに素早く冷静な対応をとることができます。

2　冷静に毅然と、断固として拒否

　暴力団の不当な要求には、冷静に、毅然とした態度で断固としてこれを拒

否すること、これが最も大切です。

　前述のとおり、暴力団はスタートダッシュは速いですが持久力がありません。最初の段階で「この相手はダメだ」と思えば、直ちに退却していきます。

　ですから、最初にアプローチを受けた段階で、冷静に、毅然と、断固として不当要求を拒否する姿勢を明確に示し、「いくら要求されても利益は絶対に渡さない」というメッセージを伝えることが大切です。

　逆に、初めの段階で曖昧な態度をとったり、少しでも付け入る隙を見せると、暴力団はすかさずそこに目をつけ、繰り返しアプローチをかけてくるでしょう。まさに最初が肝心なのです。

3　組織的対応・正攻法で

　毅然と、冷静にといっても、自分１人で対応するには限界があります。また会社であれば、アプローチを受けた部署だけで対応することにもやはり限界があります。

　ですから組織的に、スクラムを組んで対応することも非常に重要です。

　会社であれば、まず経営陣が率先して「暴力団の不当な要求は断固としてこれを拒絶する」という意思と姿勢を示し、日頃から責任者を設置し、研修を行うなどして、会社全体として暴力団の不当要求に毅然と立ち向かうための姿勢と体制を構築しておくことも大切です。

　また、暴力団は違法・不当な行為をしているという認識をもっていますから、裁判手続や警察対応といった正攻法には非常に弱いといえます。

　暴力団からのアプローチを受けたら、できるだけ早い段階で組織的に対応できるように、また、専門家の応援を受け、正攻法で対処できるような体制を日頃から整えておくことが大切です。

Q39 企業における暴力団対策への意識改革はどのようにすればよいか

職場で暴力団との関係を遮断しようと取り組んでいますが、事なかれ主義の上司が「余計なことをするな」、「金で済むものなら済ませてしまえ」、「暴力団を利用することもあるのだから」などと取り合いません。どうしたらよいでしょうか。

Answer

I 企業の社会的責任

　企業は営利を追求することを目的とする団体ですが、単に利益だけを追い求めていればよいというものではありません。企業も、社会を構成する重要な要素、社会の一員として、公益を維持し、倫理を守る責任を負っています。特に、企業の規模や経済力等を考えたとき、一個人と比べ、その活動が社会に及ぼす影響は非常に大きいといえます。

　ですから企業は、社会の規範やルールを遵守し、一般市民に対しても模範となるような姿勢で経営に取り組む必要があるのです。

　一般社団法人日本経済団体連合会の定める「企業行動憲章」（2010年9月14日）も、その序文で「企業は、所得や雇用の創出など、経済社会の発展になくてはならない存在であるとともに、社会や環境に与える影響が大きいことを認識し、『企業の社会的責任（CSR：Corporate Social Responsibility）』を率先して果たす必要がある」と述べ、同憲章の解説である「企業行動憲章　実行の手引き〔第6版〕」第5章7(3)では、「各企業は、社会的責任を強く認識するとともに、企業防衛に努め、社会正義に反する行為を許さず、反社会的勢力、団体とは断固として対決する基本方針を確認し、広く社会に宣言するとともに、関係する外部機関と積極的に連携して対策を組織的に実行するこ

とが求められている」と明確に述べられています。

したがって、設問のような上司の対応は、企業としての社会的責任を放棄するものであり、まさに時代錯誤も甚だしい誤った考え方といわざるを得ません。

II 意識改革へ向けて

1 金銭解決をしてはいけない

暴力団に金銭を支払って問題を解決しようとする姿勢は、企業の危機管理としては最悪です。

そもそも、暴力団は、暴力的な行為や威圧的な言動、あるいは「ゆすり」や「たかり」といった卑怯な手段を駆使して違法・不当な利益を得ようとする集団です。そのような集団に、たとえわずかでも金銭的利益を与えることは、そのような反社会的団体の活動を助長するものであり、社会規範やルールを遵守するという企業の社会的責任の放棄を意味します。

また、暴力団側は、そのような「脇の甘い」企業の情報を収集しており、繰り返し狙ってきますので、たとえ一度でも、またわずかな金額であっても暴力団に金銭を提供するようなことがあれば、繰り返し暴力団の標的となり、行く末は企業自体の存亡が危ぶまれることになってしまうのです。

2 暴力団を利用してはいけない

暴力団の力を借りることは、暴力団の違法・不当な利益の獲得へ向けた活動を助長することになります。また、暴力団を利用することで、企業が自ら暴力団と密接な関係をもつことになり、逆に暴力団に取り込まれて逃れられなくなってしまいます。

暴力団を利用することで、初めは問題が解決することがあるかもしれません。しかし、暴力団は、一度握った弱みに付け込んだり、あるいはあなたの会社に恩を売って、今度は逆に違法・不当な利益を得ようと襲いかかってきます。

自ら暴力団を利用して借りをつくってしまった人が、その関係を断ち切ることは大変な労力を伴います。たった一度でも暴力団を利用したことが、結局は企業の根幹を揺るがす大変な事態に発展することは、決して珍しいことではありません。

Ⅲ　正攻法の実践

暴力団に対する対応の基本は「毅然とした態度で臨むこと」に尽きます。不当な要求に対しては、毅然と、断固たる態度で臨むこと、金銭や暴力団を利用した不透明な解決ではなく、裁判手続や警察対応といった正攻法を駆使して対処することがすべての基本です。

設問のような上司は、こういった正攻法を知らないか、あるいは、知っていたとしても暴力団に対してどれほど有効な手段であるかが実感としてわからないから、安易な方法をとろうとしているのではないでしょうか。

また、たとえわずかでも暴力団と関係をもつことが、企業の存亡にかかわる事態を引き起こすという危機感が欠けているのかもしれません。

こういった上司には、警察や暴力追放運動推進センター、あるいは各弁護士会の民事介入暴力被害者救済センター等へ同行してもらい、正攻法で暴力団に対抗することがいかに大切であり、また有効であるかということを、身をもって知ってもらうことが一番です。

これらの機関では、暴力団対策に長けた専門家が、実践的なノウハウの伝授を含めて強力にバックアップしてくれますので、あなたの上司も自信をもって暴力団に対抗できるようになるでしょう。

第2章　市民生活からの暴力団排除

第1節　不当要求への対応

Q40　反社会的勢力からの不当要求行為にどのように対応すればよいか

> 先日、同和団体から「人権100年史」と題する書籍が郵送されてきました。頼んだ覚えもなかったので放っておいたら、後日、書籍代として10万円の請求書が送られてきました。頼んだ覚えがないと抗議しましたが、「同和問題をどう考えているのか。差別だ」などと言われて困っています。先方の要求に応じなければならないのでしょうか。

Answer

I　請求に応じる必要性

　設問の事例において書籍購入の要求に応じなければならないか否かは、まず、その要求に応じなければならない「法的義務」があるかどうかという観点から考える必要があります。そして、そのような「法的義務」の有無は、原則として相手方との間で書籍を購入するという契約が成立しているか否かで判断されます。

　契約は、「契約の申込み」があり、これに対し「申込みを承諾した」という事実がなければ成立しません。この点、設問の事例においては、一方的とはいえ書籍が郵送されてきたということですので、相手方から「契約の申込み」があったと評価することはできなくもありませんが、仮にそうだとしても、こちらがその「申込みを承諾した」という事実はありません。郵送され

てきたものを放っておいたからといって、「申込みを承諾した」ということにはなりません。また、頼んだ覚えがないということですから、こちらから「契約の申込み」をしたという事実もありません。

したがって、相手方との間で契約は成立していません。また、契約を締結するか否かは契約自由の原則がありますので、相手方から購入しろと言われたからといって、その承諾をする義務もありません。

以上のとおり相手方との間に契約がない以上、相手の請求に応じる義務はありませんし、支払う必要もありません。まして、書籍代にすぎないにもかかわらず、10万円もの法外な金額を要求しているということであれば、正当な要求とは到底考えられませんので、なおのこと相手方の請求に応じるべきではありません。

Ⅱ　えせ同和行為

本件事例は、えせ同和による典型的な不当要求行為（えせ同和行為）に該当すると考えられます。

えせ同和行為とは、「同和問題はこわい問題であり、できれば避けたい」との誤った意識を利用して経済的利益を得るため、同和問題を口実にして企業等に「ゆすり」、「たかり」等をする行為のことをいいます。典型的には、本件のように書籍や機関誌の購入を強要したり、賛助金や寄付金などの名目で多額の金銭を要求したりすることが多く行われていますが、その要求の態様にかかわらず、同和問題にかこつけた不当要求であり、応じるべき要求でないことに変わりはありません。

Ⅲ　えせ同和行為に対する対応

えせ同和行為に対する対応の基本は、毅然と不当な要求には一切応じないという断固とした姿勢を相手方に見せることです。

こちらが迷ったり恐がったりしている様子を見せると、相手方はそこに付

け込んできます。特に会社などの場合、10万円くらいで面倒にならないのであれば支払ってしまったほうがよいなどと安易に考えてしまうことがあります。しかし、一度でも相手方の要求に応じて支払ってしまうと、「この会社は弱腰な会社だ」と思われてしまい、さらに相手方から付け込まれることになります。えせ同和行為を行っているような反社会的勢力は、独自の情報網を有していることがあり、「あの会社は少し脅せばお金がもらえる」といった情報が反社会的勢力の間で広まってしまい、次から次に反社会的勢力からの不当要求を受けてしまうという泥沼に陥ってしまうリスクがあります。

　そのような最悪の事態に陥らないためには、とにかく安易な妥協をせず、不当な要求には毅然として応じないという姿勢を見せることが重要です。

　また、毅然と対応するためには、決して1人で抱え込まず、「組織で対応する」ことも大事です。ここでいう「組織で対応する」というのは、相手方が2人で来ればそれ以上の3人で対応するといったことも大事ですが、それだけではありません。組織全体で問題意識を共有し、対応している担当者を決して孤独な状態に陥らせないということが大切です。

IV　しつこく不当要求が繰り返される場合の対応

　もし、断っても同和問題を口実にしつこく不当要求を繰り返すようでしたら、速やかに警察や弁護士などの専門家に相談すべきです。本件のようなケースでは、弁護士に相談し、相手の要求に応じないことや、今後は弁護士が連絡窓口になることなどを記載した内容証明郵便を弁護士名で相手方に送付することで、多くの場合、事態は速やかに収束し解決することができます。前述のとおり、弱腰だとみれば相手方は付け込んできますが、毅然とした対応に徹し、容易には要求に応じてくれない相手だと思わせることができれば、相手方はそれ以上無駄な要求をしてくることはありません。

　相手方は、こちらを困らせたり業務を妨害したりすることを目的としているのではなく、あくまで経済的利益を得ること、すなわちお金を支払わせる

ことを目的として行動しています。もっといえば、より簡単に手っ取り早くお金を支払わせるためにはどうしたらよいのか、ということを常に考えて行動しているのです。

　以上のことをご理解いただければ、毅然と対応することの大切さがご理解いただけるのではないかと思います。とにかく、容易にお金をとることができない相手だと思わせるような対応、すなわち、不当な要求には応じないという毅然とした対応をとることを心がけてください。

Q41 「みかじめ料」を要求されたらどのように対応すればよいか

> 居酒屋を経営していますが、暴力団員から、ここで商売をしたければ、その暴力団員が経営する会社からおしぼりを納入しろと脅されました。相場より多少高額ではありますが、トラブルを起こしたくありませんので要求に従おうと思います。何か問題はありますか。

*A*nswer

I 取引行為に名を借りた不当要求（みかじめ料）

　設問の事例は、外形上はおしぼりの納入という正常な取引行為を装っていますが、その実質は取引にかこつけた暴力団に対する利益の供与（「みかじめ料」の提供）にほかなりません。

　「みかじめ料」とは、暴力団やその関係者が縄張内で営業する飲食店や風俗店などに対し、営業することへの見返りとして要求する金品のことをいいます。縄張りといっても、暴力団が一方的に主張しているだけであり、何の法的裏づけもありませんし、本来、私たち一般市民には全く関係のないものです。しかし、繁華街などにおいては、暴力団は、自分の「シマ」などと主張して、その範囲内で営業をしている飲食店などに金銭の支払いを要求したり、暴力団と関係のある業者と取引をしなければ、この場所で営業はできなくなるなどと脅して、おしぼりや植木リースなどの取引を要求したりすることがあります。

　このような取引にかこつけた要求も、その実質は暴力団の「しのぎ」の一環であり、正常な商取引とはいえません。

Ⅱ　利益供与（みかじめ料の提供）の禁止

　事業者が、以上のような「みかじめ料」を、暴力団に提供する行為は、各都道府県で制定されている条例で禁止されています。

　元々、利益の提供を受ける側である指定暴力団員が「みかじめ料」の提供を要求する行為は、1992年3月1日に施行された暴力団対策法によって禁止されていました。これに対し、事業者側が利益を提供する行為は、暴力団対策法で禁止されてはいませんでしたが、2010年4月1日に福岡県で施行された「福岡県暴力団排除条例」を皮切りに、すべての都道府県で同様の「暴力団排除条例」が施行されました。これらの条例において、事業者に対しても暴力団であることを知って「みかじめ料」を提供するなどのように、暴力団等に利益を提供する行為が禁止されることになりました。

　なお、暴力団排除条例では、「暴力団の活動を助長し、又は暴力団の運営に資することとなること」を知ったうえで暴力団等に利益の提供をすることを禁止していますが、暴力団等であることを知って利益の提供をすれば、基本的に「暴力団の活動を助長し、又は暴力団の運営に資することとなること」を知って利益の提供をしたとみなされます。

　したがって、現在、設問のように相手方が暴力団と知っておしぼりの取引をすれば、各都道府県の暴力団排除条例に違反する行為となります。なお、暴力団排除条例に違反するか否かの判断にあたって、「トラブルを起こしたくない」とか「恐いから」といったことは理由にはなりません。

Ⅲ　暴力団排除条例に違反した場合の効果

　暴力団排除条例に違反した場合、どのような効果が発生するかについては、各都道府県の条例によって若干の違いがあります（詳細はＱ4、Ｑ5に記載したとおりです）。

　たとえば、東京都暴力団排除条例では、まず公安委員会から、違反者に対

して、違反行為が行われることを防止するために必要な措置をとるよう「勧告」されます。

この「勧告」にもかかわらず１年以内に違反行為を行った場合には、公安委員会は、そのことを「公表」することになります。

なお、暴力団の威力を利用する対価として利益供与が行われた場合には、この「公表」があった後も１年以内に違反行為が行われた場合、その違反行為を防止するために必要な措置をとるよう「命令」がなされ、この「命令」にも違反した場合には、１年以下の懲役または50万円以下の罰金に処せられることになります。

Ⅳ　暴力団排除条例に違反してしまった場合の対応

以上のように、多くの暴力団排除条例においては、違反行為が繰り返された場合、「勧告」→「公表」という経過をたどることとなり、暴力団の威力を利用する対価として利益供与が行われた場合には、最終的には刑事罰を受ける可能性もあります。仮に、刑事罰を受けないまでも暴力団と関係があると「公表」されたり、「勧告」を受けたことが取引先に知れてしまった場合にも、現在のように暴力団排除活動の気運が高まりをみせている状況においては、暴力団と関係のある事業者であるとのレッテルが貼られ、そのことだけで事業を継続することが困難な状況に追い込まれる可能性も十分にあります。

他方、東京都暴力団排除条例においては、違反行為を行った事業者が、「勧告」が行われる前に、その違反行為にかかわる事実の報告または資料の提出を行い、かつ、将来にわたって違反行為を行わない旨の誓約書を提出した場合には、「勧告」を行わないという規定が定められています。理由はどうあれ、暴力団排除条例に違反するような利益の提供は一切行わないということが大事ですが、万一、暴力団であることを知っていながら、「トラブルに巻き込まれたくない」などの理由で利益の提供を続けてしまっている事業者は、「勧告」がなされる前に、直ちにその関係を断ち切ったうえで、そのような行為

を将来にわたって二度と行わないことを誓約して、警察に違反にかかわる事実の報告をすべきです。

　また、暴力団は、暴力団対策法や暴力団排除条例で「みかじめ料」を要求したり、支払いを受けたりすることが禁じられており、これに違反した場合には、公安委員会から中止命令や再発防止命令が発令されることになります。警察に相談することで、このような刑事対応もできる可能性が生まれ、これにより暴力団からの「みかじめ料」の要求行為が収まる可能性も十分にあります。

　なお、どうしても断ることによる「トラブルが恐い」ということでしたら、一刻も早く、警察や暴力追放運動推進センター、弁護士などの専門機関に相談するようにしてください。

Q42 暴力団員から因縁をつけられ、謝罪をしてしまったが、今後どのように対応すればよいか

> ディーラーを営んでいる者ですが、暴力団員と思しき人から、自動車のエンジンが故障して大事な会議に参加できなかったというクレームがありました。会議に参加できなかったのは事実だったようですので、その場では迷惑をかけたということで謝罪をしてしまいましたが、その後、自動車を点検したところ、何も異常は見つかりませんでした。それでも、その暴力団員風の人物から、謝罪をしたのだからお前が悪い、謝罪文を出せ、新車と交換するか損害賠償をしろなどと因縁をつけられて困っています。謝罪をしたのは事実ですが、非を認めたことになるのでしょうか。よい対応方法を教えてください。

*A*nswer

I　事実確認の重要性

　設問のようなクレームを受けた場合、相手方が暴力団員であるか否かにかかわらず、まずはきちんとした事実確認をして、こちらに法的な責任があるのか否かを判断することが大事になります。特に暴力団員のような反社会的勢力の場合、こちらに法的責任がない場合であっても、あたかもこちらに責任があるかのように難癖をつけて責任追及をしてくることがよくありますので、冷静に事実確認をしたうえで対応すべきです。

　この点、自動車が故障したということでクレームがあったということですが、そもそも自動車を買って数日であればともかく、何年も乗りこなしていて保証期間も切れているような自動車であれば、基本的にこちらに法的責任はないものと考えられます。

仮に買って数日であるとか保証期間内であるということであれば、故障の有無・原因などの事実調査をする必要がありますが、設問の事例では、クレームを受けて自動車を調べた結果、異常は見つからなかったということですので、法的には、やはりこちらに責任はないといえます。

Ⅱ 法的に責任がない場合の対応

　法的な責任がない以上、相手方からの要求に応じる必要は全くありません。損害賠償や新車への交換はもちろんですが、謝罪文も出す必要はありません。要求には応じられないと毅然と回答してください。対応にあたっては、担当者１人で対応するのではなく、上司を含めた組織で対応する必要がありますが、セキュリティの問題が気になる場合には弁護士に相談したうえで、弁護士経由で対応をするということも検討してください。

　また、こちらに責任がないにもかかわらず設問のように金品の要求をするような行為は、刑法の恐喝罪（刑法249条）にも該当しうる行為ですので、所轄の警察署へ相談することも可能です。警察への相談にあたっては、暴力団員とのやりとりを録音しておくなど証拠を準備しておくとスムーズに相談をすることができます。

Ⅲ 謝罪の意味

　謝罪をされたことで非を認めたことになるのではないかと心配されているようですが、決してそのようなことにはなりません。

　謝罪をしたということと法的な責任を認めたということは、必ずしも一致しません。私たちは社会生活を送る中で、相手に謝罪をすることがあります。ただ、その意味合いは、法的な責任を認めたうえで謝る場合もありますが、法的な意味合いはともかく迷惑をかけたということで謝罪することもあるでしょうし、取りあえずその場を収めるために謝罪するということもあり得ます。

Q42　暴力団員から因縁をつけられ、謝罪をしてしまったが、今後どのように対応すればよいか

　暴力団員などの反社会的勢力は、謝罪をしたといったような言葉尻をとらえて、いかにもこちらに法的責任があるかのようにこじつけて主張することをよくしますが、そのような相手の論法に惑わされないでください。こちらが相手方の要求に応じなければならないか否かについては、法的責任の有無によります（なお、法的責任がある場合において責任を負うべき範囲については、Q44をご参照ください）。

　設問によれば、謝罪をしたのは事実調査の前ということですので、そのような段階で法的責任の所在について判断できるはずもなく、法的責任を認めたうえでの謝罪でないことは明らかと思われます。強いていえば、迷惑をかけたことに対する道義的責任を感じて謝罪をしたか、その場を収めるために謝罪をしたということだと考えられます。

　したがって、謝罪をしたから法的責任を認めたという相手方の論法に乗って、請求に応じなければならないといった考えをおもちになる必要はありません。

　法的責任がない以上、要求には応じられないと毅然と回答してください。

Q43　暴力団員からの不当なクレームにどのように対応すればよいか

　レストランを経営している者ですが、先日、過去にも何度か来店したことのある暴力団員風の男性が、当店の料理について「まずい。腐っているのではないか」と言いがかりをつけて声を荒げ始めましたので、何とかその場を収めようと、料理がお口にあわなかったことを詫びて、1万円を渡してお帰りいただきました。ところが、翌日から、その男性客が営業時間中に執拗に電話をかけてくるようになり、「やはり腐っていた。仕事も休まざるを得なくなったので、1万円で足りる話ではなくなった」というような発言を繰り返すようになっています。これにより、従業員は電話が鳴るたびに怯えてしまうようになり、また、要求に応じないでいると、営業時間中に来店して声を荒げるのではないかと不安です。何かよい対策はないでしょうか。

*A*nswer

I　クレームに対する対応の一般論

　設問の事案では、言いがかりをつけられたところで、相手方にお金を渡してしまったのがそもそもの間違いといえます。周囲のお客様への影響を考えて、事態の早期収束を優先させたかった気持はわかりますが、お金を支払うべき法律的な理由がないにもかかわらず、お金を渡してしまっては、相手方も、事を荒げればお金を払う店だと認識してしまい、以後、同様の要求を繰り返す危険が生じます。最初に1万円を渡したことで問題を収束させたつもりが、より重大な問題を引き起こしてしまったといえるでしょう。

　顧客からサービスに対する苦情の申出と補償の要求を受けた場合には、まず、苦情の内容、苦情に至る経緯そして補償として何を求めるのかについて

真摯に耳を傾け、その要求に応じるべき理由があるのか否かを十分に検討する必要があります。そのうえで、応じるべき要求には当然に応じ、応じる理由がない要求には毅然と拒絶することが大事です。要求に応じるべき理由の有無について判断が難しい場合には、弁護士に意見を求めるなど慎重に対応するべきです。暴力団員の介入に限らず、不当要求を行おうとする者は、脇が甘く、毅然とした対応をとれない相手を狙ってくるものです。

今後は、クレーム対応についてマニュアルを作成しておくなどして、慌てずに落ち着いて対応策を検討できるよう備えておくことをお勧めします。平時の備えは大事です。

以下では、翌日以降繰り返される執拗な架電への対応策、ご相談の事案における、あるべき有事対応について説明します。

Ⅱ 面談等禁止の仮処分

設問の事案では、営業時間中にもかかわらず、相手方からの架電が執拗に繰り返されることで、無用な電話対応に追われることになり、また、従業員の方も電話が鳴るたびに怯えるようになってしまっているとのことですので、現に営業権が侵害されていると考えられます。そこで、裁判所に対して、営業権を被保全利益として、相手方が架電によって面談などを要求してくることを禁止する仮処分決定を求めることが1つの対応策となります（Q32参照）。

実務上は、仮処分の申立てに先行して、相談や依頼を受けた弁護士が、相手方に対して、まず内容証明郵便で警告書を送付することがありますが、このような警告書1通で、電話がやむことも珍しくありません。

Ⅲ 中止命令の活用

ご相談の事案でも、相手方が指定暴力団の暴力団員（Q16参照）であれば、相手方の行為は、暴力団対策法上の金品等要求行為に該当すると考えられま

すので、中止命令の発令を求めることが考えられます（Q27参照）。
　相手方は暴力団員風の男とのことですので、指定暴力団の暴力団員であるか否かがわからないかもしれませんが、その場合でも、顧客名簿などから氏名が判明するようであれば、最寄りの警察署に相手方が暴力団員の可能性があるとして、被害申告とあわせて中止命令の発令を求めるのがよろしいでしょう。仮に、警察の確認によって相手方が指定暴力団員であることが判明すれば、速やかに中止命令が発令されます。
　中止命令は実効性も高く、また、手続的にも発令を求めるのに届出書などの書類の作成も不要です。しかも、費用も無料ですから、前記の仮処分手続よりも利便性が高いといえます。

Q44 暴力団員の自動車に傷をつけて法外な要求をされているが従わなくてはならないか

> 幼稚園に通う息子があやまって暴力団員の自動車に傷をつけてしまいました。すぐに謝ったのですが許してもらえず、「思い出のある自動車をどうしてくれる。慰謝料を払え」などと言って法外な請求を受けています。また、「まずは親が謝りに来い」と言われ、相手方の事務所に来るように要求されています。こちらが悪いのは事実なので、言われたとおりにしなければならないのでしょうか。

*A*nswer

I 事実確認

　設問のようなクレームを受けた場合には、責任の有無および範囲を確定するため、事実関係をきちんと確認する必要があります。というのは、事実関係がはっきりしなければ、責任の所在は明らかになりませんし、仮に責任があるとしてもどこまでの責任があるのか（道義的責任なのか法的責任なのか、法的責任があるとしてもどの範囲で責任を負わなければならないのか）も明らかにならず、仮に話合いをするにしても話の進めようもないからです。

　そこで、相手から事情の聴き取りをしたり、たとえば自動車を修理したということであれば、その領収書や見積書などの提出を求めたりしながら、まずは事実確認を行ってください。

II 「責任」の考え方

　次に、「責任」に関する考え方について説明します。
　事実確認を行った結果、加害者側に「責任」があるということになった場合、

被害者側は、加害者なのだから被害者の言うことをすべて聞いて当然と考え（言うことを聞かなければ誠意がないと受け止める）、加害者側も「責任」があるのだから被害者の言うことをすべて受け入れなければならないと考えがちです。しかし、これは勘違いであり、「責任」をとるということは、決して相手方の言うことをすべて聞くということではありません。

「責任」の有無の問題とその「責任」のとり方の問題とは次元の異なる問題であり、「責任」をどのようにとるのかは「責任」の度合いに応じておのずと異なってくるものです。

もう少し具体的に説明しますと、多少の迷惑をかけたという法的責任が発生しない程度の「道義的責任」があるにすぎない場合は、迷惑をかけたことに対して謝罪をすれば「道義的責任」に対する「責任」のとり方としては基本的に十分で、それ以上に相手が要求することに応じなければならない必要性はありません。また、自動車をあやまって傷つけてしまい修理をしなければならなくなった場合であれば、そのことに関して「法的責任」があると考えられますが、「法的責任」があるからといって相手の言うことを何でも聞かなければならないということはありません。自動車を傷つけて修理をしたということであれば、基本的にはその修理代を支払えば十分でしょう。仮に仕事で自動車を使っていて修理期間中に代車を使わざるを得なかったということであれば、その代車代相当額を支払う必要があるかもしれませんが、いずれにせよ「法的責任」のとり方としてはその程度で十分なのです。

以上のように、どのような責任のとり方をするのかを判断するにあたっては、責任の有無および範囲を確定する必要があり、そのためにはまず事実関係をきちんと確認する必要があります。

Ⅲ　具体的な対応の仕方

設問の事例では、幼稚園に通う息子が自動車に傷をつけてしまったということですので、その親として傷をつけてしまったことに対する法的責任があ

Q44 暴力団員の自動車に傷をつけて法外な要求をされているが従わなくてはならないか

るといわざるを得ませんが、この場合どのように対応すればよいのでしょうか。

1 謝罪の方法

　迷惑をかけたということで謝罪の必要はあると思われますが、暴力団員の事務所にまで赴いて謝罪を行う必要があるかは別問題です。確かに、相手が暴力団員でなければ直接訪問をして謝罪をすることが必要な場面もあろうかと思いますが、暴力団組事務所は、暴力団の活動拠点であり、一般の人がそのような場所に赴くことはリスクが大きいといわざるを得ません。謝罪は、基本的にはこちらの謝罪の意思が伝わればよいはずで、組事務所に行かなければ謝罪ができないということはないはずです。たとえば、組事務所ではなく、その近くの喫茶店やホテルのロビーなど公衆の監視下にある場所で面談するようにしてください。

　万一、どうしても暴力団組事務所に行かなければならない場合には、事前に警察に相談したうえで、必ず複数で対応するようにし、1人は組事務所の外で待機をして、決まった時間までに戻ってこない場合にはその人が警察に通報するなど万全の準備をしておく必要があります。

2 妥当な損害賠償の範囲

　法的責任に基づいて損害賠償しなければならない範囲は、損害が発生していることを前提に、行った行為と「相当因果関係」の範囲内にある損害に限られます。「相当因果関係」にある損害とは、その行為により発生したあらゆる損害のうち、客観的に発生しうる予見可能な損害は何かという観点から因果関係を判断し、損害を確定させるという考え方であり、たとえば、自動車が傷つけられたことをいいことに、それまでの仕様をはるかに超える高級な仕様の部品に交換したり、傷つけられていない部分の部品まで交換したりしても、その交換費用は、相当因果関係の範囲内にある損害とはいえません。

　自動車に傷をつけてしまったという事案であれば、通常行われる修理代は賠償しなければならない範疇に入ってくるでしょう。また、仕事などで自動

143

車を使用している場合で代車を使用した場合には、その代金相当額も負担しなければならない場合もあると考えられます。

　他方、相手方が要求している慰謝料については、自動車のような動産が傷つけられただけの場合には、その物に対して特別な愛着を抱いていたであるとか、加害者が被害者の感情をことさら傷つけるために傷をつけたといった特段の事情のない限り、原則として慰謝料は発生しないと考えられています。通常、自動車にそのような特別の愛着を抱いているといった事情があるとは考えにくく、設問の事例においても基本的に慰謝料の支払いに応じる必要はありません。

　同様に、通常では損害が生じるとは考えられないような項目に基づく請求や法外な金額の請求を受けたとしても、それは法的責任がないとして、要求に応じる必要はありません。

IV　まとめ

　以上のように、こちらに責任がある場合であっても、まずは事実関係をきちんと確認し、こちらにどのような責任があるかを明確にしたうえで、責任の範囲内にある要求にだけ応じるという対応が大事です。責任があるからといった言葉に惑わされて、相手方の言うことは何でも聞かなければならないといった思い込みをもたずに対応するようにしましょう。

Q45 ヤミ金融から借金したが弁済しなければならないか

　お金を借りた先がいわゆるヤミ金融で、極めて高い利息の弁済を要求されます。借金していることは間違いないのですが、弁済しなければならないのでしょうか。不当な要求だとしたら、相手からの請求を止めたいのですが、どのような方法がありますか。

*A*nswer

I　弁済の要否

1　不当利得返還請求の有無

　出資法（正式名称：「出資の受入れ、預り金及び金利等の取締りに関する法律」。金融業者については、年利20％を金利の上限とし、これを超える金利で貸出しを行うと刑事罰の対象になるとされています）に反する異常な高金利による貸付行為がなされた場合には、当該金銭消費貸借契約自体が公序良俗に反して無効とされ、契約がなかったのと同じ状態となります。したがって、このように高利の貸出しを行ったヤミ金融業者は、貸金について金銭消費貸借契約に基づく返還請求権を有しません。また、契約が無効である場合、貸付けで借主が得た金銭は、本来元に戻さなければならないはずですが、公序良俗に反するような不法な原因によりなされた給付については、その給付の返還を求めることができないとされていますので（民法708条）、ヤミ金融業者は不当利得返還請求をすることもできない可能性が高いと考えられます。

2　元本相当額の返還

　他方、すでに被害者が、ヤミ金融業者に対して、借りた金銭をすでに弁済していた場合、貸付元本相当額を含めた損害賠償請求ができるかどうかについて、最高裁平成20年6月10日判決は、被害者からの不法行為に基づく損害

賠償請求において損益相殺ないし損益相殺的な調整の対象として被害者の損害額から控除することは、民法708条の趣旨に反するものとして許されないと結論づけ、元本相当額について損害賠償請求を認めました。

したがって、極端に高金利の融資においては、利息はもちろん、元本についても弁済の必要はないものといえるでしょう。

II 被害金の回復

1 裁判上の手続

ヤミ金融業者を特定し、資産があることが判明していれば、法的手続を経て被害回復を図ることも期待できます。しかし、ヤミ金融業者は、特定の事業所をもたず、偽名を用いたり、レンタルした携帯電話を利用したりするため、その実態を把握し、業者を特定することが、困難な場合もあります。したがって、ヤミ金融業者が刑事立件され、その過程において、そのほかに引当てとなる財産が発見されたり、被害弁償がなされたりすることを待たなければならないこともあります。

また、相手方が特定できない場合には、ヤミ金融業者が使用している預金口座を仮差押えし、当該預金口座の名義人を相手方として訴訟を提起したうえ強制執行をしたり、携帯電話の名義人を共同不法行為者として訴えを提起したりすることも検討することになります。

2 いわゆる振り込め詐欺被害者救済法による被害回復

ヤミ金融業者への弁済方法として、相手方の指定する預金口座等への振込みによる方法がとられていた場合には、いわゆる振り込め詐欺被害者救済法（正式名称：「犯罪利用預金口座等に係る資金による被害回復分配金の支払等に関する法律」（平成19年12月21日法律第133号））に基づく被害回復が考えられます。

具体的には、対象の預金口座を凍結させ、被害者は金融機関に対し、所定事項を記載した申請書と被害を裏づける資料を添付して被害回復分配金の支払申請を行います。申請した被害者について支払該当者決定とその犯罪被害

額の定めがなされ、各支払該当者に対し、その犯罪被害額の割合により按分して、当該預金口座の残高から被害回復分配金が支払われることとなります。

　もっとも、対象の預金口座にある被害金が支払原資となるので、ヤミ金融業者によってすでに引き出されている場合には、回収を十分に図ることができないという問題は残ります。

Ⅲ　相手方からの請求を止めるには

　ヤミ金融業者からの請求がなされたときは、直ちに弁護士などの法律専門家に相談しましょう。ヤミ金融業者に対して、弁護士から受任通知を出してもらい、ヤミ金融業者と直接対峙しないようにします。弁護士に相談する際には、ヤミ金融業者から借入れをした経緯、借入れの際に書かれた書類の内容、相手方の電話番号等の連絡先、相手方から請求を受けた日時や回数等について事情を話し、相手方の言動等についても録音しておくなど、できる限り証拠化しておきましょう。

　受任通知を送付等した場合でも、請求が止まらないことがあります。その場合でも、自らはヤミ金融業者と直接交渉することはしないようにして、弁護士に連絡をとるようにします。

　あまりに頻繁に連絡がくる場合には、電話番号の変更、特定の電話番号の受信を拒否できる電話を活用することにより、物理的に連絡がこないような対策を講じることも検討します。ただし、複数の者が関与したり、複数の携帯電話を用いたりすることもあるので、一度止んだとしても別の者が異なる番号の電話から連絡をとってくる可能性もあります。

　加えて、勤務先に嫌がらせの電話等をしてくることも考えられますので、あらかじめ勤務先に状況を説明する必要がある場合もあります。

　自宅に直接取立てに来るような場合でも、自宅内には絶対に入れてはいけません。貸金業法上、貸金業者の登録をしていない業者についても、取立てのために①早朝、夜間に債務者の居宅を訪問したとき、②債務者の勤務先を

訪問したとき、③退去要求に応じないときなどは、刑罰（2年以下の懲役または300万円以下の罰金）が科せられます（貸金業法21条1項・47条の3第3号）。また、取立ての態様によっては、住居侵入罪、不退去罪、恐喝罪となることがあります。

　直接的な取立行為が無駄であることをヤミ金融業者に認識させるためにも、警察との連携は重要であり、直ちに警察に通報するとよいでしょう。

Q46 「借金を帳消しにしろ」と脅されているが、どのように対応すればよいか

> 知人にお金を貸したのに返してくれないので催促をしたら、強面の人物が現れて、ある指定暴力団の具体名をあげつつ、「俺は暴力団と顔なじみでいつも出入りしている」などと脅し文句を言いながら、借金を帳消しにしろと脅されています。恐いのですが、このまま泣き寝入りはしたくありません。どのように対応すればよいでしょうか。

Answer

I 暴力団対策法による規制

　指定暴力団員が借金の免除や借金返済の猶予を要求する行為は、暴力団対策法により禁止されています。

　暴力団対策法は、指定暴力団員の行う一定の反社会的行為を「暴力的要求行為」として20類型（平成24年改正法では27類型）を定め、指定暴力団員が「暴力的要求行為」を行うことを禁じています。この「暴力的要求行為」には口止め料を要求する行為、寄付金や賛助金等を要求する行為、「みかじめ料」を要求する行為などがありますが、借金の免除や借金返済の猶予を要求する行為もその20類型（Q27参照）の1つとして定められています。

　設問の事例では、脅しをかけている強面の人物が指定暴力団員であるか定かではありませんが、暴力団対策法は指定暴力団員でない者であっても、指定暴力団の威力を示しつつ「暴力的要求行為」を行うことも禁止しています。これを準暴力的要求行為といいますが、設問の事例では、指定暴力団の名前をあげつつ親密な間柄にあることを誇示しながら借金の免除を迫っていますので、少なくとも準暴力的要求行為には該当すると考えられます。

以上のような暴力的要求行為または準暴力的要求行為が現に行われている場合、公安委員会は、暴力団対策法に基づき、当該暴力団員等に対し、そのような暴力的要求行為を止めるよう中止命令を発令します。

　さらに、この中止命令に違反した場合には、当該暴力団員等には懲役刑を含む刑罰が科されることになります。

II　恐喝罪

　以上のような暴力団対策法による規制のほか、設問の事例のように暴力団との関係をちらつかせながら人を脅して借金の免除を要求するような行為は、刑法上の恐喝罪にも該当することになります。恐喝罪は、相手を脅して畏怖させた結果、相手から金銭その他の経済的利益を得る犯罪をいいますが、借金の免除を受けることも経済的利益を得ることにほかならず、また脅した人自身の借金ではなく第三者の借金を免除させた場合も恐喝罪が成立します（刑法249条2項）。

　ただ、設問の事例では、借金を免除するよう脅されただけで実際に免除しているわけではないので、その未遂罪が成立します（刑法250条）。

III　具体的な対応方法

1　警察への相談

　設問の事例のような場合、最終的には刑事手続を見据えた対応が必要になりますので、速やかに警察へ相談をすべきです。警察へ相談するにあたっては、事実を証明する証拠を揃えておいたほうがスムーズですので、相手方とのやりとりを録音したり、事実関係をまとめた資料などをあらかじめ可能な限り準備しておいたほうがベターです。警察に相談することで捜査が進めば、当該暴力団員等が検挙され、または暴力団対策法に基づく中止命令が発令されることによって、相手方からの脅迫行為は一気に収まることが期待できます。

2　弁護士への相談

　警察が逮捕などの対応ができる状況にあれば、以上のように相手方からの脅迫行為を急速に収束させることができますが、証拠などの関係で、必ずしも直ちに刑事対応ができるケースばかりとは限りませんし、貸金の回収について警察が対応してくれるわけではありませんので、弁護士などの法律専門家に相談することも有益です。

　弁護士は、債権回収の専門家でもありますので、債権回収のためのさまざまなアドバイスを受けることができるほか、弁護士が受任した場合には、基本的に受任弁護士が前面に立って対応することになりますので、設問の事例のようなケースで自分はあまり表に立ちたくないというような場合には、対応を一任できるというメリットもあります。

　そのほかにも、上記のような刑事対応についても、どのように対応すればよいのか専門的なアドバイスを受けることも可能です。

3　まとめ

　以上のように設問のような事例では、1人で悩むことなく、警察や弁護士などに一刻も早く相談をされ、専門的なアドバイスを受けて対応されることが最もよい対応策です。

Q47 暴力団の嫌がらせ行為で業務に支障を来しているがどのように対処すればよいか

　マンションの建設工事を受注し、工事に着手しようとしたところ、地元暴力団と関係すると噂される人物から、自分が紹介する業者から資材を納入するよう迫られました。そのような人物からの要求でしたので丁重にお断りしたところ、その直後から暴力団員風の人物が連日現場に押しかけてきて、工事で迷惑している、工事を止めろなどと嫌がらせをするようになりました。このような嫌がらせには、どのように対応すればよいのでしょうか。

*A*nswer

I　嫌がらせ行為に対する対応策と証拠収集

　暴力団と関係があると噂される人物からの要求を断ったところ、嫌がらせ行為が行われるようになったということですので、逆説的ではありますが、要求を断るという判断が正しかったことは、この結果から証明されているといえます。つまり、設問からは、実際に暴力団とつながりがあるのかはわかりませんが、要求を断ったことに対して嫌がらせをするというのは、普通の社会生活を営む一般の人にはあり得ない対応であり、暴力団との関係の有無にかかわらず反社会的勢力とみるべき相手といえます。

　このような反社会的勢力からの嫌がらせに対する対応としては、まずそのような嫌がらせには屈せず相手方に対し、嫌がらせをやめるよう要求するなど毅然とした態度で臨むことが第一です。

　そのうえで、法的には刑事的対応と民事的対応のそれぞれを行うことが可能ですが、いずれの方法によるにせよ嫌がらせ行為が行われていることの証

拠が必要になってきます。そこで、嫌がらせ行為があった場合には、嫌がらせ行為があった日時、場所、関係者、具体的な発言内容などの事実関係を逐一記録として残しておき、可能であればビデオや録音テープなどを用いて記録化するようにしてください。

Ⅱ 刑事的対応

1 警察への相談

設問のようなケースでは、まずは速やかに警察へ相談するようにしてください。こんなことくらいで相談してもよいのだろうか、といった心配をされる必要はありません。相談される際には、それまでに相手方によって行われた嫌がらせ行為や状況を整理して一覧できる資料を作成し、これに収集した証拠を添付して提出するとよいです。

2 犯罪等の成立

設問のようなケースでは、相手方の行為は、威力業務妨害罪（刑法234条）や恐喝罪（同法249条1項）に該当する可能性があるほか、暴力団対策法による禁止行為に該当する可能性もあります。

(1) 威力業務妨害罪

威力業務妨害罪は、威力を用いて人の業務を妨害する犯罪のことで、設問のような嫌がらせによって工事に支障が生じているような場合には、威力業務妨害罪に該当します。

(2) 恐喝罪

恐喝罪は、相手を脅して恐がらせた結果、相手から金品などの経済的利益を喝取する犯罪のことで、自分が紹介する業者から資材を納入しなければ設問のような嫌がらせが続き工事に支障が生じると思わせた結果、資材を納入させたような場合には、恐喝罪に該当する可能性もあります。

(3) 暴力団対策法による禁止行為

以上のほか、もし相手方が指定暴力団員であれば、自分が紹介する業者か

ら資材を納入することを要求する行為は、暴力団対策法により指定暴力団員が行うことが禁止されている、下請参入等を要求する行為（暴力団対策法9条3号）に該当します。この場合、公安委員会から相手方に対して、そのような要求をやめるよう中止命令が出されることになり、これにより事態が一気に解決する可能性があります。

Ⅲ　民事的対応

　民事的対応としては、前記のとおり、毅然と嫌がらせを中止するよう要求し、場合により内容証明郵便などで中止しない場合には法的措置も辞さない、といった内容の警告文を送ることが有効です。特に警告文を委任した弁護士名で送付することは効果的であり、多くの場合、1通の警告文で事態が解決します。

　それでも相手方の嫌がらせ行為が収まらない場合には、嫌がらせ行為を行うことを禁じる仮処分の申立てを求めることが可能です。この仮処分手続は、通常の訴訟手続と比較して迅速に審理が進められますので、設問の事例のように一刻も早く嫌がらせ行為をストップさせたい事案において適した手続といえます。また、本件のような仮処分手続においては、原則として、相手方を裁判所に呼び出して「審尋」と呼ばれる手続が行われることになり、その手続中は通常嫌がらせ行為は中断されることが多く、また相手方を呼び出した審尋の場において、裁判官の面前で合理的な話合いを行うことができるといった効果も期待できます（詳細はQ32参照）。

　このような仮処分手続を申し立てるには、専門的な知識も不可欠ですので、具体的な対応方法については弁護士と相談されることをお勧めします。

Q48　契約締結前に相手方が反社会的勢力と判明したがどうすればよいか

> ある会社の下請けで震災復興事業の工事を請け負いました。発注者である親請けから地元業者を孫請けとして紹介され、話をしてみたのですが、どうも様子がおかしいので他の地元業者に聞いてみたところ、複数から暴力団と関係のある業者だと聞かされました。そこで、警察にも確認したところ同様の回答を得ました。いまだ契約締結前でしたので、その地元業者に発注するのを取りやめようと考えていますが、このことに何か法的な問題はあるでしょうか。

*A*nswer

I　契約が成立していない場合の対応

1　契約自由の原則

　契約締結前の段階であれば、契約を締結するか否かは何ものにも強制されず、当事者の自由であるという原則があり、これを「契約自由の原則」といいます。

　このような「契約自由の原則」がある以上、契約締結前の段階であれば契約をするか否かは当事者の自由であり、発注を取りやめることについても、法的な問題は原則としてありません。また、発注を取りやめる理由を相手方に説明する必要もありません。

2　契約が成立してしまった後の対応

　「契約自由の原則」は契約を締結するか否かは自由だ、という原則ですので、契約が成立した後には妥当しません。つまり、一度契約が成立してしまうと契約や法律で定められた契約の解除事由や終了事由がない限り、一方的に契約を解除したり終了させることはできず、契約に拘束されることになってし

まいます。このことは、契約の相手方が暴力団などの反社会的勢力であったとしても、基本的には同様です。

したがって、一度暴力団などの反社会的勢力と契約を締結してしまうと、関係を断ち切ることが困難になります。そのため、契約が成立してしまった後で相手方が暴力団などの反社会的勢力であることが判明した場合に、契約関係を遮断するために有効な方法として、あらかじめいわゆる「暴力団排除条項」を盛り込んだ契約を締結する方法がありますが、詳細はQ29をご参照ください。

3 契約が成立する前の対応

以上のように契約が成立してしまった後は、関係を遮断することが困難になりますので、可能な限り契約を締結する前に相手方を十分に調査し、相手方が暴力団などの反社会的勢力とわかった場合には、そもそも契約を締結しないことが大事です。設問の事例は、契約が成立する前に暴力団と関係のある業者とわかったということですので、反社会的勢力との関係を遮断することができる千載一遇のチャンスともいえる状況にあります。

したがって、調査の結果、相手方が暴力団と関係のある会社だと判明した場合には、安易に契約を締結せず、契約締結を拒絶すべきです。

また、すでに説明しましたとおり、契約が成立する前には契約をするか否かは自由ですので、契約を結ばなかったとしても、基本的に法的な問題はありません。

II 契約締結上の過失

契約が成立する前の段階では、「契約自由の原則」が妥当するのは以上のとおりですが、契約締結に至らなくとも、契約締結するものと相手方を信頼させて、契約締結に至るまでの準備行為をさせた場合には、契約の締結を拒絶することは信義則上相手方の信頼を裏切ることになり許されないという考えがあります。これを「契約締結上の過失」といい、この場合、契約締結す

るものと信頼して相手方が出費した費用について損害賠償をしなければならない義務が生じることがあります。

　過去の裁判例では、マンションの購入希望者が、売買契約締結前に売主に設計変更・施工させた後、資金繰りがつかなくなったことを理由に契約締結を拒んだケースで、契約締結を拒んだ購入希望者に対し損害賠償を命じた事例などがあります。

　どのような場合に「契約締結上の過失」にあたるかは、ケース・バイ・ケースであり高度な専門的判断が必要となりますので、弁護士などの法律専門家に個別に相談する必要があります。ただ、前述のとおり、契約締結前は反社会的勢力との関係を遮断し関係をもたないようにする絶好の機会であり、契約を締結してしまった後の関係遮断の困難さを考えれば、「契約締結上の過失」にあたるか否かの判断にあたっても、相手方が反社会的勢力であるなど契約締結段階で関係を遮断すべき必要性との相関関係で判断することも許されるものと考えます。

第2章 市民生活からの暴力団排除

Q49　NPO法人から寄附を強要されているが寄附をしても大丈夫か

> 環境保全を標ぼうするNPO法人から「御社の環境対策は十分とはいえず、悪評が流れるかもしれない。環境保全のPRのために、われわれの活動に賛同し早急に寄附をするべきだ」との要求を受けました。その法人のパンフレットやウェブサイトを見ても、実態がよくわかりません。NPO法人は設立の際、政府の認証を受けると聞いていますが、寄附しても大丈夫でしょうか。

*A*nswer

I　NPO法人

1　はじめに

　NPO法人の中には、優れた社会貢献活動を行う団体が数多くあります。他方で、NPO法人の体裁をとり、環境保護、人権擁護、差別撤廃等のスローガンを掲げているものの、活動実態が全くなく、賛助金や寄附金の名目で個人・企業等から資金を獲得し、実際には獲得した資金を暴力団の活動資金や暴力団員等の生活資金として利用するという悪質な団体が一部に存在します。

2　実　例

　あるNPO団体の幹部が、産業廃棄物処理会社に「環境への配慮が足りない」と迫り、取引先や行政機関に悪評を流さない見返りに入会金や賛助金の名目で現金を要求し、約2年間に合計約5000万円を集めていましたが、このNPO団体の幹部は元暴力団員であったことが後に判明した例などがあります。

158

3 NPO法人の設立要件

NPO法人の設立要件として、「暴力団(暴力団員による不当な行為の防止等に関する法律(平成3年法律第77号)第2条第2号に規定する暴力団をいう。)」、「暴力団又はその構成員(暴力団の構成団体の構成員を含む。)若しくは暴力団の構成員でなくなった日から5年を経過しない者の統制の下にある団体」に該当しないことが規定されています(特定非営利活動促進法12条1項3号)。

しかし、設立の認証においては、設立者や構成員を面接・調査することはなく、暴力団等でない旨を確認したことを示す書面の提出をもって判断するというのが実情であり、NPO法人の設立の段階での暴力団等排除については、十分に対応できているとはいえない状況にあります。

したがって、政府の認証を受けたことをもって、直ちに当該NPO法人が問題のない団体であると政府が「お墨付き」を与えたということにはなりません。

II 寄附金等を要求された場合の対応

1 心構え

そもそも、NPO法人への寄附は、企業や個人が当該NPO法人の活動趣旨に真に賛同したうえで、自発的に拠出するべきものであり、相手方から強要されて行うものではありません。NPO法人が標ぼうするスローガンに惑わされることなく、活動実態を十分に把握しなければ、会社にとっても意義のある寄附とはいえないでしょう。

また、仮に、こちらに何らかの落ち度があり、NPO法人からその点を追及されたとしても、NPO法人に寄附をすることで問題が解決するわけではありません。

したがって、NPO法人から寄附を求められるようなことがあったとしても、活動実態を把握しないまま、直ちに寄附金を拠出するべきではありません。悪質な団体に、一度寄附をしてしまうと、その後寄附を断ることが難し

くなり、要求内容がエスカレートすることもあります。

2 対 応

寄附に応じないと決めたのであれば、他の不当要求事例と同様、毅然とした態度で、寄附に応じないという意思を相手方に明確に示す必要があります。相手方と交渉が必要な場合には、1人の従業員に対応させるのではなく、複数で組織的に対応します。相手方の態度によっては、相手方の言い分を録音するなどし、また相手方が提示したパンフレットなどがあればそれも保管し、証拠として残しておきましょう。

寄附金等の名目での不当な要求が頻繁に続くような場合には、弁護士に相談して、交渉時に同席してもらったり、寄附は行わずさらなる要求があれば法的措置をとる旨記載した内容証明を発送したりするなどの対応をとります。また、警察とも連携をとり、相手方が暴力団員であることが判明した場合には、公安委員会から中止命令を発令してもらうことも検討するべきでしょう。

3 調査方法

NPO法人の調査については、内閣府のウェブサイトにおいて、申請中の団体および認証NPO法人の住所、設立者、活動目的について閲覧できます。そこで得た法人名や設立者の氏名を基に、新聞やインターネットなどで情報を収集し、実際に不当要求がなされた場合には警察にも照会する等して調査することになります。また、そのような団体は他社に対しても不当な寄附を求めることがありますので、業界内で情報交換をすることも有効な手段となります。

Q50 理由なく立退要求を受けているがアパートから出ていかなくてはならないか

　最近住んでいるアパートの近隣で再開発の計画があるようなのですが、このところ大家から委託を受けたと称する強面の人が連日自宅に尋ねてきて、「このアパートは老朽化しており建て直すので賃貸借契約は解除した」、「すぐに出て行け」などと凄まれて困っています。まだ契約期間は1年以上残っていたはずなのですが、言われたとおりアパートから出ていかなければならないのでしょうか。

Answer

I　賃貸借契約の効力

　賃貸借の契約期間がいまだ残っているということであれば、当然、立ち退く必要はありません。相手方は、契約を解除したと主張しているそうですが、たとえば建物が朽ち果てるなど居住することができないほど老朽化しているような場合は別ですが、一般に建物が老朽化しているというだけで契約を解除したり、解約をすることはできません。したがって、相手方が契約を解除したと主張しているとしても、その主張には法的な効力はありません。

　契約が有効である以上、契約に基づいてアパートに居住し続けるのは当然の権利です。まして、第三者である強面の人から立退きを求められる筋合いもありません。

　したがって、そのような要求に対しては、立ち退くつもりはないと明確に意思表示をする必要があります。そのうえで、なお立退要求が行われるようでしたら、その行為は違法行為と十分考えられますので、刑事的・民事的に法的対応を検討されるべきです。

II 刑事的対応

1 脅迫罪・強要罪

設問の事例のように、凄んだり人を脅したりする行為は、刑法上脅迫罪（刑法222条1項）に該当する可能性がありますし、人を脅して無理に立退きをさせる行為は、人に義務のないことをさせる行為として強要罪（同法223条1項）に該当する可能性もあります。

2 弁護士法違反

以上のような刑法犯のほか、弁護士法は、「人の権利義務にかかわる法律事件」は、原則として弁護士以外の者は行ってはならないと定めていて（弁護士法72条）、これに違反した場合には、刑罰が科されることになります（同法77条3号）。設問の事例のような立退交渉も、同法にいう「人の権利義務にかかわる法律事件」に該当しますので、弁護士でない者が、明渡しを要求してきているのだとすれば、弁護士法違反になる可能性があります。

最近でも、ある建設会社が暴力団員に依頼をして不動産の立退交渉をさせていたという事案に関して、その立退交渉をしていた暴力団員が弁護士法違反で検挙され有罪判決を受けたという事件も報道されています。

3 警察等の専門機関への相談

設問の事例のような場合には、以上のような犯罪が成立する可能性がありますので、速やかに最寄りの警察へ相談するようにしてください。

警察へ相談されるにあたっては、いつ、どこで、誰が、どのような言動をしたのか、といった事実をできる限り具体的に記録に残しておき、できれば会話の録画や録音をしておくとよいです。最近は性能のよい小型のボイスレコーダーもありますので、そのような機器を準備するのも手だと考えられます。

Ⅲ 民事的対応

1 弁護士などの専門家への相談

　まず、民事的な対応をするにあたっては弁護士などの法律専門家にご相談されることをお勧めします。

　そのメリットとしては、法的対応を任すことができるということのほかに、相手方への対応を依頼することもできるというメリットや、刑事的な手続をとるにあたっても、警察対応や手続の進め方などについて適切なアドバイスを受けられるという点もあげられます。

2 警告

　強面の人物が委託を受けていると主張しているのであれば、大家や強面の人物に対して、そのような違法行為をやめるよう、内容証明郵便で警告するという方法が考えられます。

　この場合も、前述のとおり弁護士に対応を依頼されれば、弁護士名で警告書を発送することができ、このような警告書によって、相手方による嫌がらせや訪問などは収束することが多いと思われます。

3 仮処分

　以上のような警告書を送付したにもかかわらず、相手方の訪問が収まらない場合には、相手方の訪問を禁止する仮処分の申立てをすることが考えられます。この仮処分は、相手方によるゆえなき訪問により、生活の平穏が阻害され日常生活に支障を来しているとして人格権が侵害されたことを根拠に、相手方が訪問することを禁止する決定を求めるものです。

　仮処分手続は、訴訟手続と比べ手続に要する期間が短く、手続中においても、本件のような仮処分の場合、原則として相手方を裁判所に呼び出して行われる審尋手続が実施されることとなり、その際に裁判官を間に挟んだ話合いの機会が設けられることもあり、早期に事案を解決することが期待できる手続といえます（Q32参照）。

163

第2節　組事務所の排除、建物の明渡し

Q51　分譲マンションの1室にある暴力団組事務所を退去させられるか

> 居住している分譲マンションの1室が暴力団組事務所として使用されていることがわかりました。強面の人たちが頻繁に出入りしていて日常生活に不安を感じています。できれば退去してもらいたいのですが、よい方法はありますか。

*A*nswer

I　区分所有法に基づく請求

　最近でも、暴力団員間の抗争などによる発砲事件や殺人事件が頻繁に報道されており、暴力団組事務所が近隣にあるとなれば、一般の人は不安を感じて当たり前です。まして、居住しているマンションに暴力団組事務所があり、暴力団員が頻繁に出入りしているというのであれば、なおさらのことです。

　マンションのような区分所有建物に関しては、区分所有法（正式名称：「建物の区分所有等に関する法律」）があり、区分所有者は、建物の管理または使用に関し区分所有者の共同の利益に反してはならないと定められています。マンションの1室が暴力団組事務所として使用されれば、他の区分所有者は、常に生活に不安を感じ、平穏な共同生活をする権利が奪われることになりますので、マンションの1室を暴力団組事務所として使用する行為は、区分所有者の共同の利益に反する行為にあたるといえます。

　このように共同の利益に反する行為が行われた場合、区分所有法は、「その行為を停止し、その行為の結果を除去し、又はその行為を予防するため必要な措置を執ることを請求することができる」（行為差止請求）と定めていま

す。

　さらに、このような措置では共同生活を維持することが困難な場合には、共同の利益に反する行為を行った区分所有者による専有部分の使用禁止や、当該区分所有者の区分所有権部分の競売請求、区分所有者以外の占有者に対し専有部分の引渡請求をすることができることを定めています。

　以上のとおり、分譲マンションの１室が暴力団組事務所として使用されている場合には、区分所有者は、暴力団組事務所としての使用の差止請求、暴力団員による専有部分の使用禁止請求、専有部分の競売請求および引渡請求をすることが可能です。

II　具体的な請求方法

　暴力団組事務所としての使用差止請求は、暴力団組事務所として使用している者以外の区分所有者全員または管理組合法人が行うことができ、裁判により請求する場合には集会の決議を経なければなりません。この決議は過半数によります。

　この差止請求により、暴力団組事務所として使用することを禁止することは可能であり、具体的には暴力団の会合や儀式を禁止したり、暴力団員を結集させたり見張り番の組員をおくこと、暴力団を表象する看板や表札、紋章を設置することなどを禁止したりすることができます。

　ただ、この差止請求では、その専有部分を所有する暴力団組員自身が使用することは禁止されませんので、実質的に暴力団組事務所として使用し続けられ、なお抗争などの事件が発生してしまう可能性が残ってしまうこともあります。

　そのような具体的蓋然性がある場合には、暴力団組事務所として使用することを禁止するだけでは共同生活を維持することが困難であることを理由として、その区分所有者に対して、専有部分の使用禁止請求や競売請求、占有者に対して専有部分の引渡請求をすることができます。

これらの請求をするには、必ず訴えによらなければならず、区分所有者の議決権の4分の3以上の多数による総会決議を経なければなりません。なお、この総会決議をするにあたっては、あらかじめ暴力団組事務所を所有する区分所有者に対し、弁明の機会を与える必要がありますが、この弁明の機会は、そのような機会を与えれば足り、必ず弁明を聞かなければならないということではありません。

　以上のとおり、区分所有者自身に対する専有部分の使用禁止請求や競売請求は、裁判所での訴えによらなければなりませんが、特に競売請求は、これにより完全に所有権を奪うことができる手段であり、暴力団を排除するための最も強力な手段といえます。なお、競売を認める判決が確定してから6カ月を経過してしまうと、その判決に基づく競売の申立てはできなくなってしまいますので注意が必要です。

　もっとも、これらの手続は専門的な知識がなければ難しい面が多いと考えられますので、専門家である弁護士へ相談されることをお勧めします。

Ⅲ　日常からとりうる対策

　暴力団組事務所として使用されていることがわかった場合の対応としては、以上のような方法がありますが、これらの方法をとるには、集会における意見集約の困難といった事実上の問題や、区分所有法の適用が可能か否かといった法律上の問題など、それなりの困難が伴います。そのため、暴力団組事務所が入居しているとわかった場合に、よりスムーズに明渡しを求められるよう普段からとりうる対策を行っておくべきです。

　近時は、このような観点から管理規約に区分所有者は、暴力団関係者に専有部分を使用させたり所有権移転してはならないといった規定を設けたり、暴力団関係者であることを総会の代理人の欠格事由とすることを規定する例も多くみられるようになってきました。詳細は、Q53をご参照ください。

Q52 賃貸マンションの1室が暴力団組事務所になっているが退去させられるか

　元々住居として個人に貸していた賃貸マンションの1室が、いつの間にか暴力団組事務所として使用され、強面の人物が複数出入りしており、近隣住民から不安の声があがっています。毎月の賃料は払ってきていますが、退去させることはできるでしょうか。相手から立退料を支払ったら出ていくと言われた場合には、支払うべきでしょうか。

Answer

I　賃貸借契約の解除

　設問のような場合には、賃貸借契約を解除して、明渡しを求めることになります。

　賃貸借契約において、賃借人が暴力団員である場合や、暴力団組事務所として使用している場合等には契約を解除する旨の暴力団排除条項が設けられている場合には、この規定に基づいて賃貸借契約を解除することができます。

　仮に、このような暴力団排除条項が設けられていない場合でも、本件のように住居として貸していたにもかかわらず、無断で暴力団組事務所として使用されている場合には、使用目的違反を理由に解除することができるでしょう。

　また、賃借人が無断で暴力団員等に転貸しているようなケースであれば、無断転貸を理由として、仮に無断転貸とまでいえないようなケースでも、暴力団組事務所はそれ自体が危険で迷惑な存在といえますので、通常の賃貸借契約書に規定されている「近隣の迷惑になるような行為をしてはならない」という規定に違反したとして解除することも可能と考えられます。

167

賃貸借契約の解除の場面では、賃貸人と賃借人との間の信頼関係が破壊されていることが必要となりますが、個人の住宅として貸していたはずがいつの間にか暴力団組事務所として利用されている以上、信頼関係は破壊されているといえるでしょう。
　また、契約の相手方以外の第三者については、当該第三者の使用を賃貸人が認めていない以上、その部屋を使用し、居住する権利はありません。したがって、即刻、部屋の明渡しを求めることができます。

II　実際の明渡しの方法

　任意に交渉して、居室を明け渡してくれるのが最もよいことは間違いありません。しかし、多くの場合、任意に明け渡すということはなく、また、賃貸人が暴力団員を相手にして、単独で明渡しの交渉をすることは通常困難なことでしょうから、弁護士などの法律専門家に対応を依頼するべきです。
　明渡しの進め方としては、以下のような方法をとることになります。
　まず、解除理由を示し、賃貸借契約を解除する旨の意思を示した通知書を内容証明郵便で相手方に発送し、契約を解除します。この時点で、明渡しに応じない場合には、法的手続をとることになります。
　基本的な法的手続の流れは、訴訟に先立って、占有移転禁止の仮処分をすることになります。この仮処分を経ることで、部屋を占拠している者が仮処分に違反して部屋の占有を第三者に移転しても、賃貸人が後日、賃借人や占有者に対する本案訴訟で勝訴した場合は、当該第三者に対してあらためて訴訟を提起せずに、原則として第三者に対して明渡しの強制執行をすることができます。
　その後、建物明渡しの訴訟を提起し、賃貸人の請求を認容する判決を得た場合には、建物明渡しの強制執行を進めるという手順になります。
　場合によっては、仮処分の段階で明渡しを求める「不動産明渡断行仮処分」という方法をとりうることもありますので、弁護士に状況をできる限り詳し

く説明し、十分に打合せをするようにしてください。

Ⅲ 金銭では解決しない

　少しでも早く立ち退いてほしいという思いが強いほど、多少のお金で済むのであれば、すぐにでも支払って、立ち退いてもらいたいと考えてしまうかもしれません。あるいは、支払いを断った場合の報復を恐れて、お金を支払ってしまおうと考えてしまうかもしれません。

　しかし、本設問では、元々個人の住居として貸していたにもかかわらず、勝手に暴力団組事務所として使用されており、賃貸借契約を解除する理由が十分にあるのですから、立退料を支払う理由は全くありません。

　また、相手に金銭を支払ったからといって、必ず明け渡してくれるとは限りません。部屋に居座られてしまい、明渡しをしてもらえないどころか、支払ったことを契機に、資金源だと思われてさらに不当な要求を受けるということにもなりかねません。したがって、何ら理由のない金銭を支払ってはいけないのです。

　不当な立退料を要求された場合には、警察に連絡するべきでしょう。強要罪や恐喝罪等に該当する可能性があります。

Q53 マンションの管理規約の暴力団排除規定はどのようなものが効果的か

> 暴力団組事務所や暴力団員の自宅として使用されないように、マンションの管理規約に暴力団を排除する規定を設けようと考えています。どのような規定を設けると効果的でしょうか。

Answer

I マンションにおける暴力団排除

マンションのような共同住宅において、暴力団員が入居したり、暴力団組事務所として使用されたりすることは、居住する他の入居者や近隣住民の生命、身体、財産に危険をもたらすおそれがあり、入居者が生活に不安を感じ、平穏な共同生活をする権利が奪われることになります。また、マンションの建物としての価値も下落するおそれもあり、マンションの入居者の利益を害することになります。

実際にマンションに暴力団員等が入居した場合の明渡しの手法については、Q51において解説しました。そこでの解説にもありますように、明渡しに要する手続は複雑かつ専門的であり、退去を求めるには、どうしても時間と費用がかかってしまいます。

そこで、マンション管理規約において、暴力団排除条項を設けることが有効であると考えられます。

マンション管理規約は、当該マンションの区分所有者に、専有部分を使用収益するにあたって負うべき責務を規定するものです。また、建物の使用に関する限りにおいて、区分所有者の同居人、賃借人等の占有者も当然にその遵守義務を負います。したがって、マンション管理規約内に暴力団排除条項を設けておくことで、区分所有者や占有者に暴力団排除の責務を負わせ、区

分所有者らが、暴力団員等の反社会的勢力をマンションに入居させることを未然に防止することが期待できます。

Ⅱ 国土交通省マンション標準管理規約

　国土交通省は、ガイドラインとしてマンション標準管理規約を公表しており、多くの管理組合が、この標準管理規約を利用しています。

　このマンション標準管理規約が、平成23年に改定されました（平成23年7月27日国土動指第3号、国住マ第18号）。改定にあたって政府が募集したパブリックコメントには、暴力団排除条項を設けるべきであるという趣旨の意見が出されていました。しかし、改定後のマンション標準管理規約においては、具体的な暴力団排除規定は設けられず、総会に関して、「総会の円滑な運営を図る観点から、総会における議決権行使を行う代理人の欠格事由として暴力団員等であることを定めておくことが考えられる」とのコメントが付されたのみでした。もっとも、マンション標準管理規約への暴力団排除条項の導入については、今後の検討課題とされ、引き続き議論が進められる予定です。

Ⅲ 具体的な規約例

　具体的にどのような規約を設けるべきでしょうか。規約内に暴力団排除条項を設ける目的の1つとして、区分所有者が暴力団員等の反社会的勢力をマンションに入居させることを防止することがあげられます。規約に実効性をもたせるためには、①入居を拒否するべき対象を明確にし、②区分所有者が譲渡等する場合の手続を具体的なものとし、③規定に違反した場合の効果を明確にし、制裁規定を設けておくこと等が考えられます。

　たとえば、以下のような規定を設けることが考えられます。

第○条（専有部分の譲渡及び貸与）
1　区分所有者は、「暴力団員による不当な行為の防止等に関する法律」

第2条第1項第2号に定める暴力団及び同第3号に定める指定暴力団、その構成員又は準構成員、暴力団関係企業、その関係者、その他の反社会的勢力（以下「暴力団等」という。）にその専有部分を譲渡又は貸与してはならない。

2　区分所有者は、その専有部分を第三者に譲渡又は貸与する場合、その●日前までに書面によって、理事長に届け出るものとする。

3　理事長は、前項の書面について、審査及び調査を行い、譲渡又は貸与を受ける第三者が暴力団等であることが判明したとき、又は共同生活の秩序を乱す者と判断したときは、理事会の決定により、当該区分所有者に対して、当該第三者の入居を拒否し、又は排除を求めることができる。

4　区分所有者が第2項の規定に違反して事前の書面を提出せず、若しくは事実と異なる届出を行い、又は正当な理由なく前項の要求に従わず譲渡又は貸与を行った場合において、譲渡又は貸与を受けた者が法令、規約等に違反し、本マンションの区分所有者の共同の利益に反し、又は共同生活の秩序を乱す行為を行ったときは、区分所有者は、次の各号の責任を負うものとする。

一　譲渡契約又は賃貸借契約の解除
二　違反行為等の排除及び違反行為等により生じた損害の賠償
三　管理組合が違反行為等の排除のために行った法的措置に要した諸費用（弁護士費用を含む。）の支払い

Q54 暴力団組事務所を町内から追放するのによい方法はあるか

> 町内にある雑居ビルが暴力団組事務所として使用されており、抗争事件が起きたりしないかと、とても不安です。暴力団組事務所を町内から追放したいのですが、何かよい方法はありますか。

Answer

I 近隣住民による協力体制

　暴力団組事務所は暴力団の活動拠点であり、近隣にそのような暴力団組事務所が存在すること自体、日々の生活に不安を感じさせるものであることは明らかで、その近隣に暮らす住民の平穏な日常生活の妨げになる存在というべきです。特に、ひとたび暴力団間や暴力団内部の抗争事件が発生した場合には、発砲事件をはじめとする死傷事件が発生し、時には関係のない一般市民が事件に巻き込まれる危険が生じることがあり、現実に、このような抗争によって関係のない第三者が巻き込まれて死亡する事件も多く発生しています。

　そのため、暴力団組事務所を追放したいとの思いは、近隣に暮らす住民の共通の願いであり、暴力団組事務所を追放することは住民の共通の利益になるものといえます。しかし、このように住民1人ひとりがそれぞれ同じ思いを有していても、それを個人1人で行動に移していくことは実際上非常に困難です。

　そこで、暴力団組事務所を追放するための第一歩は、同じ思いを有する住民が暴力団組事務所を追放するための組織づくりをしていくことからスタートすることになります。住民が一致団結することで住民側も1人ひとりが勇気をもって行動できるという利点があるのはもちろんですが、暴力団側に

とっても、個人に対しては強い態度に出ることができたとしても、住民が団結して組織として対応してきた場合には、なかなか強い態度には出にくいという面もあります。

組織づくりにあたっては、住民大会などを組織し、これを通じて住民の意思を集約しながら、暴力団に対して住民の結束や強い決意を示すことが大事です。また、日頃から住民間で連携をとり、意見交換をしながら団結して暴力団と対峙すべきです。

Ⅱ 具体的な対応方法

1 専門機関との連携

暴力団組事務所を追放するためには、上記のとおり住民が一致団結することがまず出発点ですが、暴力団組事務所の追放を実現するためには、セキュリティ上の問題や法的問題など、一般市民では十分に対処しきれない難しい問題もさまざま出てきます。そのため、具体的行動に移すにあたっては、警察や暴力追放運動推進センター（暴追センター）、専門の弁護士などの外部の専門機関と連携することが必要不可欠です。過去において暴力団組事務所を排除した事例は全国各地で多数存在しており、専門機関からは、このような過去の事例を踏まえた適切なアドバイスを受けることが可能となります。

2 法的対応

法的対応にあたっては、暴力団組事務所が賃貸または借地上の物件であるか、暴力団が自ら所有する物件であるかによって対応の仕方が変わることになります。

(1) 賃貸物件である場合

賃貸物件に暴力団組事務所が設置されている場合、賃貸借契約を解除することで明渡しを求めることができます。

最近は、賃貸借契約において、賃借人が暴力団員である場合には契約解除ができるとする暴力団排除条項を入れた契約書が増えてきており、このよう

な条項のある契約書であれば、暴力団排除条項違反を理由に契約解除をすることができます。

他方、このような暴力団排除条項が契約書に定められていない場合であっても、無断で暴力団に転貸されているようなケースであれば無断転貸を理由として契約解除ができますし、無断転貸といえないようなケースでも、暴力団組事務所はそれ自体が危険で迷惑な存在といえますので、一般的な賃貸借契約書に規定されている「近隣の迷惑になるような行為をしてはならない」という規定に違反したとして解除することも可能と考えられます。

これらの条項以外でも、ケース・バイ・ケースで契約解除をすることが検討可能と考えられますが、高度な法的判断が必要となりますので、弁護士など外部の専門機関とよく相談して対応する必要があります。

(2) 暴力団の所有物件である場合

暴力団組事務所を暴力団自らが所有する場合、契約解除によって明渡しを求めることはできませんが、近隣の住民がそれぞれ有する「人格権」に基づき、暴力団組事務所として物件を使用することを差し止める請求をすることが可能です。

人は誰しも安全で平穏に生活をする権利を憲法上保障されています。このような権利を「人格権」といいます。しかし、暴力団組事務所は、暴力団の活動拠点であり、その存在自体によって、近隣に住む住民にとっては不安を感じ平穏に生活をすることが困難な状態に陥ることになりますが、さらにひとたび抗争事件が発生すれば発砲事件をはじめさまざまな危険が現実のものとなる危険性があり、住民の「人格権」が侵害されることになります。

そこで、このような「人格権」が侵害されたことを理由として、建物を暴力団組事務所として使用することの差止請求をすることができます。

裁判例においても、抗争事件の有無にかかわらず、暴力団組事務所自体が有する危険性により、住民の「人格権」が受忍限度を超えて侵害される蓋然性は高いとして、暴力団組事務所としての使用差止めを認めたものもありま

す。

(3) 暴力団対策法の改正

平成24年8月1日公布の改正暴力団対策法により、暴力団組事務所の使用差止め等の請求を各都道府県にある暴追センターが住民に代わって起こせる制度が創設されました。この制度により、暴追センターは、暴力団組事務所の使用差止め等の請求をしている住民から委託を受けることで、自らの名で暴力団組事務所の使用差止め等に関する一切の裁判または裁判外の行為ができることになりました。この制度は、暴追センターに委託することで住民が直接当事者になる必要がなくなるというメリットがあるほか、暴力団組事務所の使用差止め等に関する専門的な知識を有している暴追センターが直接使用差止め等の請求を行うことによって、暴力団組事務所の追放がより促進されることが期待されます。

Q55 暴力団員が自宅としてアパートに入居している場合に立退きを求められるか

> 共同住宅の大家です。アパートを貸して引き渡したのですが、入居者が暴力団員と判明しました。自宅として居住し、特に問題行動があるわけでもなく、他の暴力団関係者が出入りしている様子もありません。立退きを求めることはできるでしょうか。

*A*nswer

I 問題行動のない場合

　賃借人が暴力団員であることが発覚した場合でも、賃料を契約の規定どおりに支払い、賃借人以外に暴力団員風の人間が複数出入りしている様子もなく、近隣と何のトラブルを引き起こすこともなく、住居として利用していることもあります。

　しかし、今後柄のよくない人間が多数出入りするようにならないか、また、暴力団の抗争事件でもあれば、生命・身体の安全が脅かされ、たちどころに迷惑を被ることにならないかなど不安になり、近隣住民からも解除を要求されることもありうるところです。このような場合に、賃貸借契約を解除できるかを検討します。

II 暴力団排除条項がある場合

　賃貸借契約に、「賃借人が暴力団員であることが判明した場合には、何らの通知・催告なく賃貸借契約を解除することができる」というような暴力団排除条項が設けられている場合には、これを適用して解除することが考えられます。

もっとも、この場合には、賃借人の属性の確認に細心の注意を払う必要があります。警察情報であれば、ある程度確度の高い情報であるといえるでしょう。設問では、暴力団員と判明したということですが、この点の確認が十分になされないまま解除をし、後になって、実際には賃借人が暴力団員でないことが判明したというような場合には、賃借人との間で無用のトラブルを引き起こす原因となってしまいます。

III　暴力団排除条項がない場合

1　合意解除
　賃借人と話合いをし、賃貸人・賃借人双方の合意に基づいて契約を解除するということが考えられます。極めて円満な解決方法ではありますが、何も問題行動がない場合に明渡しの話を切り出すことは、事実上困難です。

2　約定解除、債務不履行解除
　暴力団排除条項がない場合に、賃借人が暴力団員ということのほかに合理的な理由がない場合には、一方的に賃貸借契約を解除できるということは困難であると考えられます。なぜならば、解除事由がなく、それだけでは信頼関係が破壊されているとまではいいがたい面があるからです。

3　期間満了
　では、賃貸人の側から、契約期間の満了に基づいて明渡しを求めることはできるでしょうか。
　賃貸マンションにおける賃貸借契約書には、通常2年程度の契約期間が設けられており、多くの場合、「期間満了〇ヶ月前までに更新しない旨の通知をしない場合には、従前の契約と同一条件で契約を更新したものとする」という規定が設けられています。そこで、賃貸人の側から、期間満了が近づいてきた段階で、更新拒絶通知を発して、契約期間が満了したことを理由に、明渡しを求めることが考えられます。
　しかし、更新拒絶をするためには、「正当な理由」が必要となります（借

地借家法28条)。「正当な理由」の有無の判断については、賃貸人および賃借人が当該建物を利用する必要性、建物の賃貸借に関する従前の経過、建物の利用状況等を勘案してなされます。本件のように、暴力団員であるということのほか、特段問題行動がなく、賃貸人がその居室の利用を必要とする理由に乏しいような場合には、正当な理由が認められない可能性があり、仮に正当な理由が認められた場合でも、相当な額の立退料を支払わねばならない可能性があります。

したがって、設問のような場合に直ちに明渡しを求めるには、ハードルがあることは否めません。もっとも、賃借人が暴力団員であると発覚したのであれば、その後の動向について注意深くモニタリングをし、関係解消に向けた証拠収集をしていくことになります。

IV 予防策

したがって、賃貸借契約書には暴力団排除条項を設けておくことが有効であり、また、入居の際の本人確認に十分な注意を払う必要があります。

従前の契約に暴力団排除条項が規定されていない場合には、契約更新等のタイミングで導入するよう交渉しましょう。

第3節　関係遮断（組抜け等）

Q56　組から抜けたいと言っている暴力団員によいアドバイスはないか

> 暴力団員になってしまった旧友が最近になり、組から抜けたいと言っているので力になってあげたいですが、どのようなアドバイスをすればよいでしょうか。

Answer

I　暴力団を脱退するにあたって生じる問題点

　ヤクザ映画に憧れて、暴力団員になってしまったものの、その後、暴力団の実態を知るにつれ、暴力団員を辞めてしまいたいと思う例はそう珍しくないようです。また、最近では、全国で暴力団排除条例が施行されるなど、社会から暴力団を排除しようという気運が盛り上がっていることから、暴力団員であると生活上さまざまな不利益や支障が生じることもあります。たとえば、銀行の預金口座を使用できなくなったり、住むところを借りようにも貸してもらえなかったりなどです。このような社会情勢においては、暴力団員であることで何か得をするよりも、むしろ経済的に困窮していくことになり、暴力団員では食べていけないという理由から脱退を望む人もいます。

　暴力団員を辞めることができれば、本人もそれまで暴力団員であったために受けていた上記のような不利益を免れることができるようになりますし、また、社会にとっても暴力団員が減ることは当然喜ばしいことです。

　しかし、暴力団員を辞めることは必ずしも簡単なことではありません。問題は大きく2つあります。

　まず、1つ目は、所属していた暴力団が脱退を許さず、裏切り者として制

裁を加えるなどの妨害行為に出ることです。具体的には、指を切断することを要求する、多額の金銭の支払いを要求するなどです。この妨害行為を恐れて、脱退したくても脱退できないでいる暴力団員も少なくないと思われます。

　2つ目として、暴力団を辞めたとして、どうやってご飯を食べていくのか、どこかに就労できるのか、といった新たな生活環境の整備が難しいという点です。暴力団排除の気運が高まっている現在の社会情勢においては、元暴力団員というだけで就職は困難となります。暴力団員であったときに、指詰めや入れ墨などをしていればなおさらです。

　設問の場合、旧友の方もこれらの点で悩んでいるはずですので、まず、この悩みを理解してあげることが大事です。

II　暴力団からの脱退方法（問題点の克服方法）

　それでは、上記の問題点はどのようにして克服していくことができるのでしょうか。

1　暴力団による妨害行為への対応

　暴力団による妨害行為への対応については、暴力団対策法という法律を利用することで解決を図ることができます。

　暴力団対策法では、指定暴力団（Q16参照）の暴力団員が、暴力団から脱退しようとしている人に妨害を加えることを禁止しています。それにもかかわらず妨害に及んだ指定暴力団員に対しては、公安委員会が中止命令や再発防止命令という行政命令を出せることになっています。この中止命令等に違反すると刑罰の対象となりますので、指定暴力団員も中止命令等に従わざるを得ません。

　実際に妨害行為を受け、中止命令が必要になれば、警察署に相談に行かれるとよいでしょう。

2　新たな生活環境の整備

　暴力団員を辞めた後の生活環境の整備については、暴力追放運動推進セン

ター（以下、「暴追センター」といいます）に相談されるのがよろしいでしょう。

　暴追センターとは、公安委員会が各都道府県に1つ、暴力団排除活動などを行う団体として指定する組織をいいます。これは暴力団対策法に基づき設立された、市民や企業側に立って、暴力団追放を支援していく民間の機関で、暴力団からの脱退希望者の支援もしてくれます。具体的には本人に代わって暴力団に脱退の意思を連絡してくれたり、一時的な避難場所を提供してくれたりします。のみならず、暴追センターが中心となって組織している社会復帰対策協議会においては、入れ墨の除去手術や指詰めの再生手術の案内や、協賛企業への就労あっせんなど暴力団員の社会復帰の支援に取り組んでいますので、暴力団からの脱退を希望している人は、まず、暴追センターに相談に行かれるべきです（連絡先はQ20参照）。

Ⅲ　旧友へのアドバイス

　以上のとおり、暴力団を脱退する際の各問題点については、中止命令等の活用や暴追センターへの相談によって対応することができますので、旧友には、これらについてアドバイスしてあげるとよいでしょう。

　ただし、本当に暴力団から脱退できるかは、あくまで本人に強い決意があるか否かに係る問題です。ですから、旧友が真に社会復帰しようという強い決意を抱けるよう、心の支援をしてあげることが一番大事です。

Q57 自分の子どもと暴力団員の子どもとの友だち付き合いは問題ないか

> 娘の学校のクラスメートに暴力団員の息子がいるようです。友だち付き合いをさせて問題ないでしょうか。

Answer

I 暴力団排除に関する現在の社会情勢と留意点

1 現在の社会情勢

現在、各都道府県で暴力団排除条例が施行されるなど、社会から暴力団を排除していこうという気運が高まっています。このような社会情勢においては、有名企業の不祥事が報道されると、必ずといってよいほど暴力団関係企業への資金流出の可能性が指摘されたり、タレントの長期休養や引退などが報道される際にも暴力団員や暴力団関係者との交際が噂されたりもしており、社会全体が暴力団関係者に対して過敏になっているようにも思われます。

2 留意点

上記のような社会情勢の背景には、暴力団が通常の企業活動を装ったり、暴力団員ではない者を利用して経済活動を行ったりと、その資金獲得活動を巧妙化・不透明化させていることから、暴力団の資金源を効果的に絶つためには、暴力団員ではなくとも暴力団の運営や暴力団員の活動に貢献しているような者についても、暴力団同様に社会から排除していく必要があることが広く認識されてきたことがあります。

このような上記の社会情勢の背景に照らせば、社会から排除されるべき「暴力団関係者」とは、基本的に暴力団の運営や暴力団員の活動に貢献するような者であり、暴力団員と何らかの関係を有している者のすべてを「暴力団関係者」に含めて考えるのは、おかしいことがご理解いただけると思います。

裏を返せば、暴力団の運営や暴力団員の活動に何ら貢献しないような関係であれば、暴力団員との関係であっても、社会から非難されるいわれはなく、むしろ、そのような関係を有するにすぎない者を「暴力団関係者」と指弾することに問題があると考えられます。

II 社会から排除されるべき「暴力団関係者」

平成23年10月1日に施行された東京都暴力団排除条例においては、「暴力団関係者」を「暴力団若しくは暴力団員と密接な関係を有する者」と定義して、「暴力団関係者」の経済取引からの排除を推進しています。そして、警視庁のウェブサイトでは、どのような者が「暴力団関係者」に該当するかについて例示がなされており、この例示から、どのような関係であれば社会から排除されるべきことになるのかがある程度判明します。

すなわち、同ウェブサイトにおいては、「暴力団関係者」に該当する例として、①暴力団または暴力団員が実質的に経営を支配する法人等に所属する者、②暴力団員を雇用している者、③暴力団または暴力団員を不当に利用していると認められる者、④暴力団の維持、運営に協力し、または関与していると認められる者、および⑤暴力団または暴力団員と社会的に非難されるべき関係を有していると認められる者をあげており、さらに、この⑤の例として、ⓐ相手方が暴力団員であることをわかっていながら、その主催するゴルフ・コンペに参加している場合、ⓑ相手方が暴力団員であることをわかっていながら、頻繁に飲食を共にしている場合、ⓒ誕生会、結婚式、還暦祝いなどの名目で多数の暴力団員が集まる行事に出席している場合、およびⓓ暴力団員が関与する賭博等に参加している場合があげられています。

他方で、暴力団員と交際していると噂されている、暴力団員といっしょに写真に写ったことがある、暴力団員と幼なじみの間柄という関係のみで交際している、暴力団員と結婚を前提に交際している、親族・血縁関係者に暴力団員がいる、といった状況や境遇にあるのみでは「暴力団関係者」であると

みなされることはないとも明記されています。

　このようなウェブサイトの例示に照らしても、暴力団の活動に貢献したり、進んで暴力団員を支援したりする者が「暴力団関係者」であり、そのような関係にない者は、たとえ暴力団員と何らかの関係があっても、「暴力団関係者」であるとして非難されるべきではないといえます。

Ⅲ　子ども同士の友人付き合い

1　社会的非難の観点からの検討

(1)　子ども同士の友人付き合いに対する社会的非難

　以上で説明した「暴力団関係者」の理解に照らせば、暴力団員の息子と自分の娘に友達付き合いをさせ続けていても、その一事をもって、あなたやあなたの娘が「暴力団関係者」として社会的に非難されるようなことにならないことは明らかであると思います。

　むしろ、暴力団員の息子であることを理由として、自分の娘に対して、いっしょに遊ぶことをやめるように言い聞かせたりすると、暴力団員の息子がクラス内で仲間はずれにされることのきっかけとなる危険があります。

　上記「暴力団関係者」の理解からすれば、暴力団員の息子が、その血縁関係だけを理由に「暴力団関係者」になることなどあり得ません。そうである以上、父親が暴力団員であることを理由にその息子が何か非難や差別を受けるなどはあってはならないことといえます。子は親の職業を選べないのですから、親の職業をもって、その子を非難すべきでないのは当然のことです。

(2)　親同士の付き合いに対する社会的非難

　娘のクラスメートに暴力団員の息子がいれば、PTA等父兄の参加する行事において、親同士が席を同じくする可能性がありますが、そのような場で同席することによっても、あなたが「暴力団関係者」とみられることがないのは、上記「暴力団関係者」の説明に照らせば明らかです。

　もっとも、親同士の付き合いとなれば、節度をもって交際する必要があり

ます。学校の行事に共に参加することであれば問題はありませんが、そこから発展して、頻繁に飲食やゴルフを共にするようになれば、暴力団員を支援する者と評価される可能性がありますのでご留意ください。

2　子ども同士のトラブルへの親の介入の危険

もっとも、子ども同士の友人付き合いにおいて、何らかのトラブルが発生することはあります。たとえば、あなたの娘が何かの弾みで暴力団員の息子にけがをさせてしまうなどです。

このようなトラブルがあれば、当然、親が介入することになり、金銭面での補償などは親同士で話し合われることになります。このような場合に、仮に親である暴力団員から脅迫などを伴って過大な要求を受けることがあれば、それは1つの民事介入暴力にほかなりません。親としては、このような可能性を危惧するのももっともだと思います。

しかし、このような危惧だけを理由に、子どもに友達付き合いを控えるよう言い聞かせたりすることは、上記のように暴力団員の息子に対する不合理な差別となりかねません。あくまで、子ども同士の付き合いと親とのトラブルは次元の違う問題であると考える必要があると思われます。

Q58　兄が暴力団員である婚約者との婚約破棄は問題ないか

　これまで交際してきた彼女の兄が暴力団員であることが結納に至って初めて判明しました。私の両親は、結婚をやめるよう言い出し、私としても親の態度が強硬なので、結婚を諦めるのも仕方ないと思い始めています。結婚を諦めることに問題はないでしょうか。

*A*nswer

I　婚約の成否

　まず、あなたと彼女との間に将来婚姻するという約束、すなわち婚約が成立していれば、正当な理由のない婚姻の拒絶は、婚約の不当破棄となり、彼女に対して、慰謝料などの損害賠償義務が生じる場合があります。
　この点、あなたはすでに彼女との結納を済ませていますので、婚約は成立しており（結納は婚約の成立を確証するものです）、今になって婚約の成否を争うことは基本的に困難です。
　ですから、彼女との結婚を諦め、婚約を破棄するには、それを正当化するに足りる理由がなければなりません。

II　婚約破棄の正当な理由の有無

　それでは、彼女の兄が暴力団員であると判明した場合、これに起因する婚約の破棄に正当な理由は認められるのでしょうか。
　この点は、結論として、事案における個別具体的な事情によるということになりますが、概要、以下のように考えることができるかと思われます。

1　正当な理由が認められないと考えられる場合
　彼女が暴力団員である兄と単に兄弟姉妹という血縁関係を有するにとどま

187

り、兄が暴力団員であることがその他婚姻の支障となるような事情もないのであれば、婚姻の拒絶が婚約の不当破棄になる可能性は高いように考えられます。この場合、兄が暴力団員であることについて彼女自身が決定できるわけもなく、そのことについて彼女自身には何らの非がないためです。

　東京都暴力団排除条例では、事業者が「暴力団関係者」とは取引をもたないよう規制されていますが（Ｑ３参照）、警視庁のウェブサイトにおいて公表されている同条例のＱ＆Ａにおいても、「親族・血縁関係者に暴力団員がいる」といった「境遇等にあるという場合には、それだけをもって『暴力団関係者』とみなされることはありません」とされていることから明らかなとおり、暴力団との関係を理由に社会において不利益を甘受すべき立場におかれる「暴力団関係者」に暴力団員との血縁関係を有するにすぎない者は含まれないというのが当然の社会通念であると思われます。

　以上から、彼女が暴力団員である兄と単に兄弟姉妹という血縁関係を有するにとどまる場合であれば、これを理由とする婚姻の拒絶は婚約の不当破棄になる可能性が高いといえます。

　もっとも、この場合でも彼女に対する慰謝料の支払義務まで発生するかといえば、この点の評価はさらに分かれるように思われます。婚約解消を理由として精神的損害に対する損害賠償義務が発生するのは、婚約解消の動機や方法等が公序良俗に反して、著しく不当性を帯びている場合に限られるべきという考えがありますが、このような観点に照らしますと、あなたの両親やあなた自身が、あなたと彼女が結婚することで、暴力団組員が親族となり、そのために、将来、あなたが不測のトラブルに巻き込まれるのではと懸念することも不合理ではなく、婚約解消の動機が公序良俗に反し、著しく不当とまではいえないとも考えられるためです。

2　正当な理由が認められると考えられる場合

　彼女が暴力団員である兄と単に兄弟姉妹という血縁関係を有するにとどまらず、兄が暴力団員であることに起因するその他婚姻の支障となるような事

情があれば、婚姻の拒絶が婚約の不当破棄となる可能性は低いものと思われます。

　たとえば、彼女自身も事情を知りながら暴力団のフロント企業の役員に名を連ねていたり、暴力団員と親密に交友していたりする場合は、彼女自身も暴力団または暴力団員と社会的に非難されるべき関係を有していることになり、東京都暴力団排除条例における「暴力団関係者」に該当する可能性があります。かかる事情を彼女があなたに隠していたのであれば、彼女自身にも非があることは否めず、婚姻の拒絶が婚約の不当破棄となる可能性は低くなると考えられます。

Q59 暴力団員が参加しているゴルフコンペに参加しても問題ないか

先日、取引先が主催するゴルフコンペに参加したところ、参加者の中に暴力団員が含まれていることがわかりました。最近は、暴力団との交際に対しては世間から厳しい目で見られるという話を聞いていますが、このようなコンペに参加しても問題ないでしょうか。

Answer

I 反社会的勢力と関係をもつことによる問題

　反社会的勢力とは、暴力、威力と詐欺的手法を駆使して経済的利益を追求する集団または個人のことをいいます。具体的には、暴力団、暴力団関係企業、総会屋、社会運動標ぼうゴロ（えせ同和など）、政治運動標ぼうゴロ（えせ右翼など）などのことです。

　どのような形であれ反社会的勢力と関係をもつことは避けるべきであり、もし事前に暴力団員がゴルフコンペに参加することがわかっていたのであれば参加することを差し控えることも検討すべきですし、仮に取引先が暴力団員であることを知ってゴルフコンペに参加させていたのだとすれば、その取引先との関係も考え直さなければならないでしょう。もし事前に暴力団員が参加することを知らずにたまたま暴力団員が含まれていたというだけであれば、それだけで大きな問題になることはないと思われますが、このような機会が重なれば重なるほど大きな問題になる可能性が高まります。

II 暴力団排除条例による規制

　平成23年10月までに全国各都道府県において「暴力団排除条例」（いわゆる暴排条例）が施行されていますが、その中で暴力団と密接な関係を有する

者は「暴力団関係者」とされ、各都道府県との契約ができなくなったり、最近ではこのような暴排条例に倣って暴力団のみならず暴力団関係者と判明した場合には契約解除ができるといった契約条項を盛り込んだ契約書も増えてきていますので、このような契約条項に基づき契約解除の対象とされてしまう可能性もあります。

　もっとも、暴力団員が参加していることを知らずに一度だけゴルフコンペに参加したりいっしょにゴルフをしたとしても、それだけで暴力団と密接な関係を有する者と判断されることはないと思われます。しかし、暴力団員が参加していることを知りながら頻繁にゴルフコンペに参加したり、暴力団が主催するゴルフコンペに知りながら参加すれば、暴力団と密接な関係を有する者として「暴力団関係者」にあたると認定されても仕方がありません。

　なお、警視庁のウェブサイトによれば、「暴力団関係者」に該当する具体例として、「相手方が暴力団員であることをわかっていながら、その主催するゴルフ・コンペに参加している場合」や「相手方が暴力団員であることをわかっていながら、頻繁に飲食を共にしている場合」があげられています。

Ⅲ　反社会的勢力と関係をもつことはなぜいけないのか

　暴力団排除条例による規制は以上のとおりですが、では「暴力団関係者」とはみなされない程度であれば、暴力団員などの反社会的勢力とゴルフをいっしょにしても全く問題がないのでしょうか。

　答えはNOといわざるを得ません。この問題を考えるにあたっては、まず暴力団員をはじめとする反社会的勢力と関係をもつことがなぜよくないのかを考える必要があります。

　反社会的勢力と関係をもってはいけない理由をひと言でいえば、私たち1人ひとりの身を守るためということです。なぜなら、反社会的勢力と関係をもつことで、セキュリティやレピュテーションにおいて大きなリスクを抱えることになってしまうからです。

反社会的勢力は、元々人を脅したり騙したり違法なことをして経済的利益を得ようとする相手ですから、そのような相手と関係をもつということは、いつあなたがその標的になるかもしれないというリスクが生まれてしまうことを意味するのです。これがセキュリティ上の問題です。

　また、反社会的勢力を社会から排除する気運が高まっている現在、反社会的勢力と関係をもつということは、このような社会の動きに逆行する行為であり、反社会的勢力と関係をもっているという噂が広まれば、瞬く間に周りの人から付き合いを避けられてしまうといったリスクも生まれることになります。これがレピュテーション上の問題です。

　反社会的勢力を社会から排除するという気運の盛り上がりは、平成19年6月19日に犯罪対策閣僚会議幹事会申合せとして政府が出した「企業が反社会的勢力による被害を防止するための指針」（いわゆる「政府指針」。Q17参照）による部分が大きいといわれています。政府指針は、政府が企業に対し、暴力団などの反社会的勢力を社会から排除していくことを求めたものですが、その中の大きなポイントとして、反社会的勢力との「取引を含めた一切の関係遮断」が求められています。つまり、政府指針は、反社会的勢力との「取引」はもちろんのこと、「取引以外」の関係も一切遮断するよう求めているのです。1回といえども暴力団員とゴルフをいっしょにすることは、反社会的勢力と関係をもつことにほかならず、政府指針に反する行為といえます。

　この政府指針には法的拘束力はないといわれていますが、だからといって今の日本の社会において、政府の求めに反する行為を行うことが許されるはずもないことはいうまでもないと思います。

Ⅳ　まとめ

　以上のとおりですので、暴力団を含む反社会的勢力とは、文字どおり「一切の関係遮断」をすることが自分の身を守るためにもとても大事だということをぜひご理解ください。

Q60 祭礼に暴力団が関係する的屋に出店させてもよいか

> 町内会の夏祭りを企画していますが、暴力団が関係する的屋から店を出したいという依頼がありました。昔からの馴染みもあるので許可したいのですが、問題ありませんか。

Answer

I 暴力団と露天商（的屋）の関係

暴力団の中には、露天商（的屋）を生業とする「的屋系暴力団」と呼ばれるものがあるなど、昔から暴力団と的屋との間には深い関係があるといわれています（もっとも、すべての的屋が暴力団と関係があるというわけではありません）。

このような暴力団と的屋の関係などから、これまで的屋の売上げが暴力団の資金源となり、ひいては暴力団による違法活動を助長する結果になることがありました。

暴力団は、その団体の構成員（その団体の構成団体の構成員を含む）が集団的にまたは常習的に暴力的不法行為等を行うことを助長するおそれがある団体をいう（暴力団対策法2条2号）と定義されており、暴力的・詐欺的な手段を用いて不当な利益を獲得している集団です。また、暴力団同士または暴力団内部においては、拳銃などが用いられた対立抗争がたびたび起こされ、関係のない一般市民が抗争に巻き込まれて死傷するといった事件も現実に発生するなど、その存在自体が、一般市民の生活に多大な危険をもたらす存在といえます。

以上のような暴力団を社会から排除するため、平成4年3月に「暴力団員による不当な行為の防止等に関する法律」（暴力団対策法）が施行され、平成

19年6月19日には、犯罪対策閣僚会議幹事会申合せとして政府から「企業が反社会的勢力による被害を防止するための指針」（政府指針）が出され、暴力団をはじめとする反社会的勢力を社会から排除することは極めて重要な課題であるとして、取引を含めた一切の関係を遮断することが要請されています（Q15、Q17参照）。

このような一連の暴力団排除運動を受ける形で、平成22年4月に施行された福岡県暴力団排除条例を皮切りに、平成23年10月までに全国47都道府県で暴力団排除条例が施行されていますが、東京都をはじめ多くの暴力団排除条例において、露店の出店など祭礼に暴力団を関与させてはならず、そのために必要な措置を講ずるよう努めなければならないといった規定を設けています。

このように暴力団排除条例において祭礼に暴力団を関与させないよう求める規定は、昔から祭礼などにおいて出店する的屋が暴力団の大きな資金源になっている実態に着目し、これに打撃を与えるために設けられているものなのです。

Ⅱ　暴力団排除条例による規制

上記のとおり、多くの暴力団排除条例において、祭礼における暴力団排除の規定が設けられていますが、明示的にこのような規定を設けていない暴力団排除条例もあるほか、規定を設けていても、たとえば東京都のように、「祭礼、花火大会、興行その他の公共の場所に不特定又は多数の者が特定の目的のために一時的に集合する行事の主催者又はその運営に携わる者は、当該行事により暴力団の活動を助長し、又は暴力団の運営に資することとならないよう、当該行事の運営に暴力団又は暴力団員を関与させないなど、必要な措置を講ずるよう努めるものとする」と努力義務を定めたにとどまる規定も存在しています。

では、暴力団排除条例に祭礼における暴力団排除の規定を設けておらず、

または東京都のように努力義務しか規定していない都道府県においては、暴力団に的屋を出店させることは許されるのでしょうか。

答えは、NOです。明示的に祭礼から暴力団を排除することを規定していなかったとしても、政府指針において、上記のとおり暴力団を社会から排除することは極めて重大な課題であり、一切の関係を遮断することが要請されている中、暴力団に関係があると知って出店を認めることは、これに反する行為といわざるを得ません。

また、暴力団と関係すると知っていながら的屋の出店を認めることは、暴力団関係者に利益を供与する行為に該当する可能性があり、すべての暴力団排除条例において規定のある暴力団員等に対する利益供与の禁止規定に該当する可能性もあります。

Ⅲ 出店依頼に対する対応

したがって、暴力団と関係があると知りながら出店を認めることを許可することはすべきではありませんので、設問のような依頼があった場合には、明確に許可しないという回答をする必要があります。昔からの馴染みがあるとしても、その結論に変わりはありません。

もし、このような拒絶の対応に対して、暴力団関係者から嫌がらせなどの行為がなされるおそれがあるようでしたら、直ちに警察へ相談するようにしてください。

東京都暴力団排除条例を例にとれば、何人も祭礼等に暴力団等を関与することを拒絶する行為に対して、不安を覚えさせるような方法で妨害してはならないと規定し、このような妨害行為が行われた場合には、公安委員会は中止命令を発令することができると規定しており、公安委員会による中止命令により、暴力団関係者による嫌がらせ行為を収束させることができると考えられます。

第4節　暴力団の利用関係

Q61　公団住宅の賃貸借契約において名義貸しをしても問題ないか

> 知人から、友人がいわゆる公団住宅に入居できなくて困っているので私の名義を友人に貸してほしい、という相談がありました。このような知人の頼みを聞いても問題ないでしょうか。

*A*nswer

I　なぜ名義貸しを依頼するのか

　知人から、友人が公団住宅に入居できずに困っているという相談があったということですが、入居できないから名義を貸してほしいという依頼自体から、何かおかしい、頼みに応じたらまずい、と感じてください。

　この依頼というのは、要するにあなたの名義であれば入居できるのに、知人の友人の名義だと入居できないということですので、その人に何か問題があるということにほかなりません。

　その問題として1つとして考えられるのが、知人の友人が暴力団排除条項に抵触するという可能性です。すなわち、独立行政法人都市再生機構（UR都市機構）や都道府県営住宅などの公団住宅では、申込本人を含めた同居世帯の全員が暴力団員ではないことを入居資格としており、知人の友人が暴力団員であるため入居できない可能性です。そのため、暴力団員ではない人の名義を利用して入居しようと考えているのかもしれません。

　では具体的に、このような名義貸しをすることにどのような問題があるのか、次にみていきましょう。

II 名義貸しをすることによる問題点

1 詐欺罪

　公団に対する入居申込みは、あくまで自分が入居するために行うもので、公団としてもそのような認識の基に入居申込みを受け付けます。しかし、設問の事例のように、自分は入居するつもりはないのに入居申込みをして、その結果、他人を入居させる行為は、公団を騙して賃貸借契約を締結させ、第三者を入居させたことになります。

　このように相手を騙して賃貸借契約を結ばせる行為は、刑法246条2項の詐欺罪に該当する可能性があります。

　若干事案は異なりますが、類似の事例として、居住目的以外の使用が禁止されている公団住宅で、暴力団員が実際には暴力団組事務所目的の入居であったにもかかわらず、居住目的と偽って賃貸借契約を結んだ行為について、当該暴力団員が詐欺罪で逮捕されたという事例があります。

2 暴力団排除条例による名義貸しの禁止

　平成23年10月までに全国すべての都道府県で施行された暴力団排除条例において、暴力団員に名義を利用させる行為を禁止する規定を設けるものがあります。東京都暴力団排除条例では、暴力団員が、自らが暴力団員である事実を隠蔽する目的で、他人の名義を利用する行為を禁止し（同条例25条1項）、さらに、暴力団員がこのような目的をもっていることを知っていながら、その暴力団員に名義を利用させる行為も禁止しています（同条2項）。

　したがって、設問の事例においても、知人の友人が暴力団員であり、公団に対して暴力団員である事実を隠すために名義貸しの依頼をしており、そのことを知って名義貸しに応じた場合には、このような暴力団排除条例に違反する行為となります。なお、冒頭で述べたとおり、そもそも公団への入居申込みに他人名義を使わせてほしいという相談がなされること自体とても怪しく、暴力団員が入居するために名義貸しのお願いをしているかもしれないと

いうことは容易に推察することができます。少なくとも、その目的を確かめもせずに安易に名義貸しに応じてしまったような場合には、後で知らなかったでは済まされない可能性が出てきてしまいます。

3　レピュテーション・リスク

以上のような法令に違反する可能性のほかにも、名義貸しをした相手方が暴力団員であったような場合、仮にそのことで法令違反の責めを負わなかったとしても、暴力団員とつながりのある人物とみなされ、場合によっては、暴力団関係者とみなされてしまうリスクがあります。

現在のように、暴力団排除の気運が高まっている中、暴力団関係者という烙印を押されることは、それだけで付き合いを敬遠され、場合によっては通常の取引ができなくなったりすることも十分にありうることで、そのリスクは計り知れないものがあると考えられます。

Ⅲ　名義貸しを頼まれた場合の対応

以上のように、名義貸しをすることには大きな問題があるということを十分ご認識いただき、安易に名義貸しには応じないようにすることが第一です。

設問の事例では、知人を介して話があったということですが、その知人自体にも、以上と同様のリスクや問題が出てきますので、逆に知人に対して、以上のような問題点を指摘したうえで名義貸しをあっせんするような行為はやめるようにアドバイスしてください。

Q62 銀行口座を開設するのに名義貸しをしても問題ないか

> 暴力団員の幼馴染みから、「お礼はするので、自分の代わりに銀行口座をつくってもらえないか」と頼まれています。応じてもよいでしょうか。

*A*nswer

I 銀行による暴力団排除の取組み

　多くの銀行では、約款において、暴力団員は口座を開設することができず、暴力団員であることが判明した場合には口座を解約できるとする暴力団排除条項を設けています。

　これは、平成19年6月19日に犯罪対策閣僚会議幹事会申合せとして政府が出した「企業が反社会的勢力による被害を防止するための指針」(いわゆる政府指針。Q17参照)を受け、一般社団法人全国銀行協会(全銀協)は、同年7月24日に申合せとして、「反社会的勢力介入排除に向けた取組み強化について」を公表し、金融庁による監督指針の改正なども受けつつ、平成21年9月24日には「普通預金規定、当座勘定規定および貸金庫規定に盛り込む暴力団排除条項の参考例」を会員である銀行に通知するなど、暴力団排除の取組みを強化してきています。

　このような銀行業界全体をあげての取組みの中、会員各行は、普通預金をはじめとする預金約款において、預金者が暴力団員などの反社会的勢力でないことを表明確約させ、反社会的勢力に該当する場合には預金口座の開設ができず、後に反社会的勢力であると判明した場合には預金契約を解除できるという内容のいわゆる「暴力団排除条項」(暴排条項)を規定しています。

　設問の事例では、幼馴染みの暴力団員から口座開設にあたって名義貸しの

199

依頼を受けているようですが、これは、以上のような暴排条項があるため、当該暴力団員の名前では預金口座の開設ができないことが理由だと考えられます。

詳しくは以下で説明しますが、このような依頼を受けて預金口座を開設する行為には、法的に重大な問題があり、場合によっては依頼を受けたあなた自身が検挙されるリスクをはらんだ行為ですので、絶対にこのような依頼に応じてはいけません。

II 依頼に応じた場合の問題

1 詐欺行為などへの加担

名義貸しで開設した口座が犯罪行為の手段として使用された場合、当然ですが、口座の名義人も犯罪行為に加担したとみられます。

暴力団員などの反社会的勢力が口座を利用して行う典型的な犯罪行為として、いわゆる振り込め詐欺があげられます。振り込め詐欺は、孫などになりすました犯罪者が、電話などを通じて、「トラブルに巻き込まれたので至急お金が必要になった」などと言って高齢者などからお金を騙し取る犯罪ですが、多くの場合、その手段として名義貸しや売買された銀行口座が利用されていることが知られています。

振り込め詐欺以外にも、暴力団員による違法収益の入金先として使用されるリスクがあり、口座の名義人は、その違法行為の共犯者とされる可能性が十分にあります。

以上のような犯罪行為に使用された場合、名義人として知らなかったでは済まされず、共犯者として検挙される可能性があります。

2 名義貸しの禁止

東京都暴力団排除条例では、名義貸しの依頼者が暴力団員であることを隠蔽する目的をもっていることを知っていながら、その暴力団員に名義を利用させる行為を禁止していますが（同条例25条2項）、設問の事例は、相手方が

暴力団員であることを知り、その人物が使用するための口座開設を名義貸しにより行っていると考えられ、このような暴力団排除条例に違反する可能性があります。

III 口座売買の禁止

さらに、口座を開設した後、その口座を正当な理由なく有償で第三者に譲渡する行為は、犯収法（正式名称：「犯罪による収益の移転防止に関する法律」）により禁止されており（同法26条2項）、これに違反すると1年以下の懲役もしくは100万円以下の罰金（またはこれらが併科）に処されることになります。

設問の事例においても、あなたの名義で口座を開設して、これを暴力団員に譲渡した場合、正当な理由があるとはとてもいえず、かつ「お礼をする」と言われているということですので、有償で譲渡したと判断されることになり、犯収法に違反することになります。

IV まとめ

以上のように、口座が犯罪行為に利用されることが多い現状において、その不正開設に対しては厳しい目が向けられており、思わぬ形で犯罪者となってしまうリスクがあります。

したがって、設問のような依頼があったとしても、決して応じないようにしてください。

201

Q63 債権回収に暴力団員を利用してもよいか

勤めている会社の上司から、焦げついている売掛債権の回収にあたって暴力団組員を債務者との交渉に利用するよう暗に指示を受けていますが、このような指示に従うことは何か問題はないでしょうか。

Answer

I 結論

当然に問題がありますので、そのような会社の上司の指示には従わないでください。会社の上司には、暴力団組員の利用に以下のような問題があることを報告して、そのような指示の問題点を理解してもらえるよう努めてください。また、貴社にとって極めて重要な問題ですので、経営陣にも報告と相談をされたほうがよろしいでしょう。

まず、①指定暴力団員の利用行為は暴力団対策法で禁止されています（同法10条1項・9条6号の2（平成24年改正法では7号））。のみならず、②多くの暴力団排除条例（東京都暴力団排除条例24条1項等）でも禁止されています。そして、③貴社が債権回収にあたって暴力団組員を利用したことが対外的に判明すると、貴社自身が取引先から暴力団関係企業と認識されてしまう危険があります。

以下、これらのリスクについて説明します。

II 暴力団対策法違反の点

まず、暴力団対策法は、指定暴力団員（Q16参照）の暴力的要求行為を禁止するのみならず、指定暴力団員に対して暴力的要求行為を依頼することも禁止しています（同法10条1項）。そして、暴力団員が一定の者から依頼を受

けて、報酬を得て、または報酬を得る約束をして、債務者に対して粗野もしくは乱暴な言動を交えて、または迷惑を覚えさせるような方法で訪問しもしくは電話をかけるなどして履行を要求することは、まさに暴力的要求行為の1つとして規定されています（同法9条6号の2（平成24年改正法では7号））。ですから、債権回収に暴力団組員を利用することは、この指定暴力団員の利用の禁止に違反する可能性があります。

そして、これに違反すると、公安委員会より再発防止命令が出される可能性があります（暴力団対策法12条1項）。そして、この命令に違反した場合には1年以下の懲役または50万円以下の罰金が課されることになります（同法47条1号）。

Ⅲ　暴力団排除条例違反の点

また、多くの暴力団排除条例においては、暴力団員ではないものが暴力団員に対して、事業に関して暴力団の威力を利用すること等の対価として利益供与をすることを禁止していますが、暴力団員を債権回収に利用して、暴力団員に謝礼を支払うような場合もこれに該当する可能性があります。当該暴力団員が指定暴力団員でない場合でも同様です。

そして、これに違反した場合には、公安委員会からの勧告、公表、防止命令、罰則（東京都暴力団排除条例の場合、1年以下の懲役または50万円以下の罰金。33条1項2号）などの制裁が課されうることになります。

Ⅳ　取引先から暴力団関係企業と認識される点

貴社が債権回収に暴力団員を利用したことが対外的に明らかになってしまうと、貴社自身が、取引先などから暴力団関係企業であると認識されてしまう可能性が高いといえます。そして、暴力団をはじめとする反社会的勢力排除の気運が高まっている現在において、暴力団関係企業であると認識されてしまった場合の不利益は計り知れないものになります。

平成21年から平成23年にかけて全国の都道府県で暴力団排除条例が施行されましたが、多くの暴力団排除条例において、事業者は、一定の暴力団関係者との間の暴力団の活動を助長またはその運営に資することとなる取引を禁じられています（Ｑ３参照）。また、政府は、暴力団排除条例に先立つ平成19年６月19日、犯罪対策閣僚会議幹事会申合せとして「企業が反社会的勢力による被害を防止するための指針」を策定・公表し、企業に対して、反社会的勢力とは取引を含めた一切の関係を遮断するよう求めています（Q17参照）。そして、銀行業界は、指針の求めに応じて、実際に暴力団員には預金口座の開設を許さないようになり、また、すでに存在している暴力団員の預金口座を解約するなどして、実際に暴力団員との関係解消に乗り出しています。

　すなわち、貴社も暴力団関係企業であると認識されると、銀行取引が行い得なくなる可能性が生じるのです。銀行に限らず、コンプライアンス意識の高い取引先からは、以後の取引を拒絶されてしまい、仕入れや販売にまで支障を来す危険も否定できません。このような事態に陥れば、もはや企業として存続し続けること自体が危ぶまれます。

　以上のように、現在の社会においては、暴力団員を事業活動に利用することには大変なリスクがあるのです。

Q64 立退交渉に暴力団関係者を利用してもよいか

> アパート経営をしている者です。最近建物が老朽化してきたので、マンションに建て替えたいと考えていますが、住民の1人がどうしても出ていきません。そうしたところ、友人から立退交渉に強い人がいるということで紹介を受けたのですが、どうも暴力団関係者のようです。早く追い出してもらえるのなら多少お金がかかってもお願いしたいのですが、依頼をしても問題ありませんか。

Answer

I 暴力団関係者を利用する行為の禁止

　事業者が、その行う事業に関し、暴力団関係者が不法行為等を行うことの対償として利益供与を行う行為は、全国の都道府県で制定されている暴力団排除条例により禁止されています。暴力団排除条例は、平成23年10月1日までにすべての都道府県において施行されており、その内容に若干の違いはありますが、すべての暴力団排除条例において、暴力団へ利益供与をする行為を禁止する規定を設けています。

　東京都暴力団排除条例（以下、「都条例」といいます）を例に説明しますと、都条例は、「事業者」がその行う事業に関して、「暴力団関係者」に対して、「暴力的不法行為等」を行うことの対価として、利益供与することを禁止しています。

　まず、法人だけではなく個人でもアパート経営などの事業を行っていれば「事業者」として規制の対象となります。

　また、「暴力団関係者」は、暴力団員だけではなく、いわゆる共生者と呼ばれる暴力団員と密接な関係を有する者も「暴力団関係者」として、利用禁

止の対象となりますので、設問の事例においても、「暴力的不法行為等」を行うことを依頼し、その対価として利益供与をする行為は、都条例による禁止の対象となります。

この「暴力的不法行為等」とは、暴力団対策法2条1号に該当する行為をいいますが、多くの犯罪行為がこれに該当するとされています。

設問の事例に即して説明しますと、立退きを拒んでいるアパートの入居者の明渡交渉を依頼するということですので、何らかの脅迫や強要行為が行われるであろうことは容易に想像ができます。これは、刑法の脅迫罪や強要罪に該当する可能性のある行為といえます。

また、入居者との立退交渉は、賃貸借契約という権利義務にかかわる問題でもありますが、弁護士法は、人の権利義務にかかわる法律事件は、原則として弁護士以外の者は行ってはならないと定めており（弁護士法72条）、設問の事例のような立退交渉を弁護士でない者が行えば、弁護士法違反になる可能性があります。現実に、最近もある建設会社が暴力団員に立退交渉を依頼した事案に関して、弁護士法違反で検挙された事例があります。

以上の脅迫罪や強要罪、弁護士法違反といった行為は、いずれも「暴力的不法行為等」に該当するとされています。

したがって、アパート経営を行っている人が暴力団と密接な関係のある暴力団関係者にアパート入居者との立退交渉を依頼し、これに対して対価を支払う行為は、都条例で禁止されています。

II　暴力団関係者を利用した場合の法的責任

1　条例違反

前述したとおり、設問のような事例において暴力団関係者を利用する行為は、暴力団排除条例に違反する違法行為とされる可能性があり、この場合、条例に従った罰則が科されることになります。

たとえば、福岡県暴力団排除条例は、暴力団の威力を利用する目的で、ま

たは暴力団の威力を利用したことに関し、利益供与を行った場合には、利益供与をした者に対して、1年以下の懲役または50万円以下の罰金刑に処する旨を規定しています。

2 共犯

さらに、設問のような事例で暴力団関係者を利用する場合、前記のとおり立退交渉が行われるにあたって脅迫や強要、弁護士法違反の行為が行われるであろうことは、容易に推測することができます。

したがって、そのような犯罪行為を依頼することは、まさに犯罪行為に加担することにほかならず、実際に犯罪行為を行わなかったとしても共謀共同正犯（共犯）として処罰される可能性も十分あり得ます。

3 民事的責任

以上のような刑事的な責任に加えて、民事的にも不法行為責任を負う可能性があり、その場合、慰謝料などの損害賠償義務を負担することになります。

Ⅲ まとめ

暴力団関係者であるとわかりながら安易に立退交渉の依頼をしてしまいますと、以上のとおり刑事的・民事的な法的責任を負担することになりかねません。

このような法的責任に加えて、もし暴力団関係者を利用したということが明らかになってしまうと、依頼した側が暴力団と関係があると判断され、計り知れないレピュテーション上のリスクを負ってしまうことになります。

したがって、設問のような事例においても、決して暴力団関係者を利用することは行わないでください。

第5節　暴力団との交渉・裁判

Q65　振り込め詐欺に遭ったがお金を返してもらえるか

> 母親が振り込め詐欺の被害に遭い、お金を振り込んでしまいました。お金を返してもらうにはどのようにしたらよいでしょうか。

*A*nswer

I　振り込め詐欺とは

　振り込め詐欺とは、電話や郵便、メール等を利用して受け手を欺き、金銭の振込みを要求する詐欺犯罪行為を総称したものです。具体的な例としては、以下のようなものがあります。

①　オレオレ詐欺　　子や孫などになりすました犯罪者が、示談金、弁償金、勤務先での不祥事の補塡など緊急に金銭が必要になったなどと騙して、指定した銀行口座に現金を振り込ませる詐欺をいいます。

②　還付金詐欺　　税務署や自治体の職員を装って電話をかけ、保険料、税金、医療費等の還付があり指示どおりATMを操作すれば還付金が戻ってくるなどと言って騙し、ATMまで誘導して、預金口座から犯人の口座へ送金させる詐欺をいいます。

③　融資保証金詐欺　　融資の意思がないにもかかわらず文書等により融資の勧誘を行い、申し込んできた者に対して、融資条件として保証金等の名目で現金を指定の銀行口座に振り込ませる詐欺をいいます。

Ⅱ　お金を取り返すためには

1　事実確認

　振り込め詐欺の被害に遭ったと気がついたときは、自分が振り込んだ金額、日時、振込みを行ったATM等の所在地、振込先の預金口座の金融機関名、支店名、口座の種別、口座名義人、口座番号を必ず控えておきましょう。振込明細票を手元に残していれば、必ず保管しておきましょう。また、どのようなことを相手から言われたか等犯行手口についてもできる限り具体的なメモを用意しておくとよいでしょう。そして、これらのメモや証拠を持って直ちに警察署に連絡し、被害届を出しましょう。

2　被害回復の方法

　(1)　振り込め詐欺被害者救済法に基づく被害回復

　いわゆる「振り込め詐欺被害者救済法」(正式名称:「犯罪利用預金口座等に係る資金による被害回復分配金の支払等に関する法律」(平成19年12月21日法律第133号))に基づき被害回復がなされ得ます。

　まず、振込先の金融機関に対して、「振り込め詐欺等不正請求口座情報提供及び要請書」等を提出し、金融機関に当該預金口座に係る取引を停止する等の措置をしてもらうことを請求します。

　金融機関が当該預金口座を凍結したら、金融機関の求めにより、預金保険機構は、一定の手続を経て当該預金口座を消滅させます。預金口座が消滅したら、預金保険機構は、申請期間を定めて、当該預金口座について被害回復分配金の支払手続開始に係る公告を行います。この公告は、預金保険機構のウェブサイトに掲載されます。

　被害回復分配金の支払いを受けるためには、支払申請期間内に、金融機関に対して、申請書と資料を添付して被害回復分配金の支払申請を行うことになります。

　支払申請期間が経過した時点で、金融機関は、この申請を受けて、その者

が支払いを受けるべき者かどうか、そうであるとして被害額がどの程度あるかを判断し、支払いを受けるべきと判断した者に対して、それぞれの犯罪被害額の割合に応じて、預金口座の残額から被害回復分配金が支払われることになります。

　被害回復分配金を受ける権利は、預金保険機構が、金融機関が支払う被害回復分担金の額を決定表に記載した旨の公告をしたときから6カ月で消滅します。したがって、支払申請をした場合には、期間経過により権利を失わないよう注意する必要があります。

　(2)　その他の方法

　犯人が誰であるかを特定することが困難なこともあるので、預金口座の口座名義人を相手方として不当利得返還請求、あるいは損害賠償請求訴訟を行うことなどが考えられます。

　いずれの方法をとるにしても、引当てとなるのは、当該預金口座の被害金であるため、加害者が被害金を引き出してしまった場合には、被害回復が困難になってしまいます。そのため、被害に気がついた場合には、直ちに警察と振込先の銀行に連絡をするようにしてください。

Q66 暴力団員からの債務免除の要求を受け入れてよいか

> 会社が、相手方が暴力団員と知らずにお金を貸していたのですが、返してくれないので貸金返還を求めたところ、全額を返済することは難しく、一部債務免除をするよう求めてきました。あまり事態を長引かせたくないので、相手の要求に応じようかと考えています。これら一連の行為に対して、暴力団員に利益を供与したとして、条例等で定められた制裁を受けることはあるのでしょうか。

Answer

I 金銭を貸与する行為

　本書Q3、Q5の中で解説がなされているように、事業者が、暴力団等の活動を助長するような利益供与をすることは、各都道府県の暴力団排除条例で禁止されており、勧告や公表等の制裁を受けることがあります。金銭を融資する行為は、暴力団の活動資金として用いられる可能性が極めて高く、暴力団等の活動を助長する利益供与に該当するおそれがあります。

　ただし、本書Q6の中で解説しましたように、相手が暴力団員等と知らずに、そのような行為をしてしまったような場合には、制裁の対象とはなりません。したがって、設問で、貸主である会社が、お金を貸していたこと自体について何か制裁を受けるということはないでしょう。

　もっとも、この場合でも、Q6において解説したとおり、相手方の属性について確認を怠って貸出しをしていたという場合には、レピュテーションに係るリスクがあることは意識しておく必要があります。

II 債務免除をする行為

1 前提

　金銭を貸与し、弁済期日が到来したにもかかわらず、金銭が返済されない場合、貸主は、借主に対して、返済を受けていない金額について返済を請求する正当な権利を有しています。

　また、会社は営利法人であり、その活動によって会社および株主の利益を最大化するという目的があります。債務免除をすれば、その分会社に損失が生じることになりますので、借主の利益の下、貸主である会社、ひいては株主が損害を受けることにもつながります。したがって、相手の属性にかかわらず、原則として、何ら合理的な理由がないのに、債務免除をするべきではありません。

2 裁判手続の利用

　また、相手方が暴力団員である場合には、さらに注意が必要になります。設問のように、会社が、相手方が暴力団員であることがわかったうえで、任意に債務免除をした場合には、暴力団員の活動を助長する利益供与に該当すると判断されるリスクがあるからです。したがって、この点からも安易に債務免除に応じるべきではありません。

　任意に全額の弁済を受けることができない場合には、裁判手続を利用する――具体的には、貸金請求訴訟を提起し、貸金の返還を認容する判決を求め、全額を回収することをまずはめざすべきでしょう。

　返済を受けていない貸金全額について請求を認める判決が出された場合には、その判決に基づいて強制執行を経ることになります。結果的に相手方に資力がなく、全額の回収に至らなかったとしても、会社としてできる限りの手続は行ったといいやすくなります。

　また、相手方が裁判に応じた場合には、裁判手続の中で、相手方の資産状況がわかる資料の提出を求め、相手方の資力等について調査を行い、回収に

結びつけられる可能性も生じます。

　相手方が暴力団員である場合、通常交渉するだけでも負担が大きく、また回収の方針を決める際にも注意すべき点が多くありますので、弁護士に相談することをお勧めします。

3　不当な債務免除要求行為の排除

　相手方が、債務免除を求めてきたとき、その要求する内容や態様が不当なものである場合には、毅然とした態度で断りましょう。

　このような行為は不当債務免除要求行為（暴力団対策法9条7号（平成24年改正法では8号））に該当することが考えられますので、公安委員会に中止命令を発令してもらえる可能性があります。

　また、相手方が、債務免除をしなければ会社や代表者等に危害を加えるというような言動をした場合には、恐喝罪に該当する可能性もありますので、要求された日時や具体的な要求の内容、相手方の言動等をメモし、速やかに警察に相談しましょう。

Q67　暴力団員の犯罪行為による被害に回復方法はあるか

> 　暴力団員の犯罪行為によって被害が生じたため、その補償を求めたいのですが、警察から、相手方には資産や収入がなく補償は難しいと言われています。加害者の暴力団員個人に資力がなければ、泣き寝入りするしかないのでしょうか。被害回復のためにとりうる手段があれば教えてください。

Answer

I　暴力団員の二極化による被害回復への影響

　暴力団は、かつて、賭博、ノミ行為、覚せい剤の密売といった犯罪行為への該当性が明らかな方法によって資金を獲得していました。しかし、当局による昭和39年以降の取締強化によって、犯罪行為による資金獲得は困難になり、そのため、暴力団は活動領域を拡大させて民事介入暴力による資金獲得活動を活発化させていきました。この民事介入暴力の手段に用いられるのは、刑法犯への該当性が微妙なグレーゾーンの不当行為でしたので、暴力団は巧妙に法規制を免れることに成功していました。

　そこで、グレーゾーンの不当行為を法的に規制する必要性が唱えられるようになり、平成3年にいわゆる暴力団対策法が制定され、同法によってグレーゾーンの不当行為にも規制の網がかけられることになりました。また、この暴力団対策法の施行によって、社会では暴力団が組織的犯罪集団であるという認識の共有化が進み、暴力団を大衆の味方として賛美するような考え方は一気に衰退したといわれています。

　すると、暴力団は、自らが暴力団であることを伏せて企業活動を装うなどして資金獲得活動を不透明なものにし、また、証券取引や不動産取引などの

経済活動に乗り出し、さらには、ITを駆使するなど資金獲得活動をより巧妙化するようになり、このような資金獲得活動の不透明化・巧妙化の陰で、暴力団員にも勝ち組と負け組の二極化傾向が生じていると指摘されるようになりました。すなわち、暴力団員の誰にとっても巧妙な資金獲得が可能なわけではなく、それを可能とする資金源やノウハウをもつ限られた者のみが多額の資金を獲得でき、そのほかの者は資金獲得に困難を来すようになっているといわれています。

このような現状では、加害行為を担当する暴力団員には被害弁償をするのに十分な資力がないことが多く、被害者が加害行為者本人から補償を受けることは困難なものになります。そこで、加害行為者本人に対する損害賠償請求とは別の手続によって被害回復を図れないかが問題となります。

Ⅱ 被害回復のための特別な手続

1 騙されて銀行振込みをした場合

被害回復のための特別な手続としては、まず、いわゆる振り込め詐欺被害者救済法(正式名称:「犯罪利用預金口座等に係る資金による被害回復分配金の支払等に関する法律」)による手続があります。

ヤミ金融被害や振り込め詐欺などの事案では、相手方の指定する預金口座等への振込みによって被害が発生することになりますが、このような預金口座等への振込みを利用して行われた犯罪行為の被害回復については、振り込め詐欺被害者救済法によって、対象の預金口座を凍結させ、その後、被害者が同預金口座の残高から被害額に応じた分配金を受け取ることができるという救済手続が用意されています。

この救済手続は、あくまで振込先の預金口座の残高が原資となるものですので、口座の凍結が遅れ、残高が散逸してしまった場合には分配金を受け取ることができなくなってしまいます。ですから、騙されて銀行振込みをしたことに気づいた場合には、すぐに最寄りの警察署と振込先の銀行に連絡をす

るようにしてください。

2 故意の犯罪行為によって生命や身体を害された場合

また、故意の犯罪行為によって生命や身体を害された場合には、その被害者や遺族はいわゆる犯救法（正式名称：「犯罪被害者等給付金の支給等による犯罪被害者等の支援に関する法律」（昭和55年5月1日法律第36号））に基づいて、犯罪被害給付制度を利用して、国から経済的支援を受けることができる可能性があります。

犯罪被害給付制度による給付を受けるには、都道府県公安委員会の裁定を受ける必要がありますので、同制度の利用を望む被害者は、自らの居住する各都道府県の警察本部に相談に行き、そこで給付申請をすることになります。

3 組長責任追及訴訟

加害行為者本人に十分な資力がない場合であっても、その加害行為者の所属する暴力団の組長やさらにその上位組織の組長であれば、損害を回復するに足りる十分な資力を有していることが期待できます。暴力団は、その構成員である暴力団員から会費等の名目で金銭が徴収され（これを「上納金」といいます）、下位の暴力団員から上位の暴力団員へ、また、下位の組織から上位の組織へと資金が集約していく構造になっているからです。そこで、暴力団員の加害行為による被害回復の責任を十分な資力を有する組長に負わせることができれば、実効的な被害回復が可能になります。

このような直接の加害行為を担当していない組長らの損害賠償責任を追及する訴訟を組長責任追及訴訟といい、これまでも現実に提起され、勝訴や和解に至った場合には多額の賠償が得られています。

もっとも、組長らと全く無関係の行為による被害についてまで、組長らに損害賠償責任が認められるわけではなく、組長責任追及訴訟による被害回復が考えられるのは、①加害行為者と組長らとの間に共同不法行為責任（民法719条1項）が成立する場合や、②組長らに加害行為者の行為について使用者責任（同法715条1項）が成立する場合、このほか、③加害行為者が指定暴

力団員（Q16参照）で、抗争における凶器使用の結果として被害が生じた場合（暴力団対策法31条）、または④指定暴力団員による所属する指定暴力団の威力を利用した資金獲得行為の結果として被害が生じた場合（同法31条の2）に限られています。

　なお、組長責任追及訴訟は、多数の弁護士が弁護団を組んで提訴し、訴訟を追行していくのが通例となっています。

Q68 暴力団被害の加害者を刑事立件するにはどのようにすればよいか

> Q67の件で当該暴力団員を刑事立件したいのですが、どこで、どのような手続をとればよいでしょうか。

*A*nswer

Ⅰ 被害事実の確認

　刑事立件をするために、まずは警察署に相談に行きましょう。相談後スムーズに捜査を進めてもらえるよう、犯罪の日時、場所、被害態様、犯人の特徴などについて、できる限り具体的な内容を説明できるように準備をしておきます。犯罪被害に遭った場合、その犯罪が一瞬のうちに生じた事象であることや、精神的なショックが大きいことなどから、被害時の記憶が曖昧であることもあります。したがって、客観的な証拠があればそれを持参し、また、犯罪の目撃者がいて連絡がとれるような場合には、目撃者にも同行してもらうとよいでしょう。

Ⅱ 被害届

　警察等の捜査機関に対して、被害届を出すことが考えられます。警察署を訪れて犯罪の日時、場所、具体的な被害態様、被害の程度を口頭で申告し、警察に申告した内容を基に被害届を作成してもらうことができます。犯人が不明な場合にも、被害届を出すことはできます。被害届を出すことで、警察に捜査を促すことができますし、その後、犯人が起訴された場合には、証拠の1つとなり得ます。

Ⅲ 告　訴

1　総　論

　告訴とは、犯罪の被害者等が、捜査機関に対して、犯罪事実を申告して、犯人の処罰を求める意思表示をいいます。告訴をした場合にも、捜査機関の捜査を促すことができますが、被害届だけを提出した場合と異なり、さまざまな法的効果が生じます。また、親告罪といって、告訴がなければ起訴することができない犯罪類型もあります。

2　告訴権者

　告訴は、被害者本人はもちろんのこと、その法定代理人もすることができます。また被害者が死亡した場合には、被害者の配偶者や直系の親族、または兄弟姉妹も告訴をすることができます（刑事訴訟法230条・231条）。

3　告訴の方法

　告訴は、書面・口頭で、検察官または司法警察員（警察官の中で巡査部長以上の階級にある者をいいます）に対してすることができます（刑事訴訟法241条）。検察事務官や司法巡査は受理権者とはされていません。したがって、告訴をしたい場合には、近くの警察署や検察庁まで行って申告をします。

　書式は特に定まっていませんが、犯罪事実が特定でき、処罰を求める意思が明示されていることが必要になります。犯人がわかっていない場合でも告訴することができます。

　どのように告訴状を作成すればよいかわからない場合には、弁護士に相談して作成してもらうこともできますし、捜査機関に対して口頭で告訴をしたい旨伝えれば、捜査機関において告訴調書を作成してもらうことができます。

4　告訴期間

　告訴をする期間は非親告罪であれば特に設けられていませんが、親告罪の告訴は、原則として、犯人を知った日から6カ月以内に行わなければなりません。ただし、親告罪であっても、強制わいせつ罪、強姦罪、準強制わいせ

つ罪、準強姦罪、略取誘拐罪などの犯罪については、告訴期間は設けられていません（刑事訴訟法235条）。

「犯人を知った日」とは、犯人が誰であるかを特定できた日をいいます。親告罪の告訴をするか否かの決定には、犯人と被害者の関係等が影響する場合があるため、少なくとも犯人が誰であるかを知ったうえで告訴をするか否かを決めることが必要だからです。

告訴期間の起算点は告訴権者ごとに判断されます（刑事訴訟法236条）。たとえば、ある日被害者の法定代理人が犯人を知り、他方でその時点で被害者はいまだ犯人を知らない場合、法定代理人が告訴する場合にはその日から6カ月以内に行う必要が生じますが、被害者はまだ告訴をしなくてもかまわないということになります。

5　告訴の効果

司法警察員に対して告訴がなされた場合には、速やかに告訴状をはじめとする書類や証拠物を検察官に送付することとされており（刑事訴訟法242条）、比較的早い段階で検察官を捜査に関与させることができ、単に被害届を出すよりも早期かつ効果的な捜査がなされることが期待できます。

告訴がなされたときは、検察官は、起訴または不起訴の処分をした場合には、速やかに告訴人にその結果について通知する義務を負い、不起訴とした場合で、告訴人が検察官に対して不起訴処分の理由を開示することを請求したときには、不起訴処分をした理由を告げなければならないこととされています（刑事訴訟法261条）。

また、告訴に対して不起訴処分がなされた場合でも、その検察官の属する検察庁の所在地を管轄する検察審査会に対して、その処分の当否について審査の申立てをすることができます。検察審査会により不起訴不当あるいは起訴相当の議決がなされた場合には、検察官は事件の処理について再検討することになります。

6　告訴の取消し

　告訴は、公訴提起前であれば取り消すことができます（刑事訴訟法237条1項）。告訴の取消しができるのは告訴をした本人ですので、被害者本人がした告訴を法定代理人が取り消すことはできませんし、逆に、法定代理人が固有の告訴権に基づいてした告訴を本人が取り消すこともできません。

　告訴の取消しをした者は、同じ犯罪事実についてさらに告訴をすることはできなくなります（刑事訴訟法237条2項）。したがって、親告罪に該当する犯罪被害を受けた場合に告訴の取消しを検討するときは、特に注意が必要です。しかし、告訴の取消しの効果は告訴権者ごとに及ぶので、たとえば、被害者本人が告訴を取り消しても、法定代理人はなお固有の告訴権に基づいて告訴することができます。

第6節　迷惑行為

Q69　会社に対する街宣活動を止めるのに、どのように対応すればよいか

> 会社を経営しています。暴力団関係企業と噂されている会社からの取引依頼を断ったところ、当社や当社の役員を誹謗中傷する街宣車が毎日のように会社周辺を走行するようになりました。街宣活動をやめてもらいたいのですが、どのような対応をしたらよいですか。

*A*nswer

I　街宣活動とは

　街宣活動とは、街頭宣伝車両に登載された拡声器から大音量で軍歌などを流し、マイクで対象会社やその役職員の不祥事やスキャンダルなどを大音量で演説などして、企業や個人を誹謗中傷し、その名誉や信用を毀損するような行為をいいます。

　街宣活動を繰り返し行うことによって、標的とした企業やその役職員を精神的に追い込み、街宣活動をやめることとの引換えに金銭の交付その他の経済的な要求を受け容れさせようとするのです。

II　対応策

1　民事的な対応

(1)　街宣行為禁止の仮処分

　相手方からの金銭の交付等の不当な要求に対しては、毅然とした態度で拒否しなければなりません。相手方の要求に応じてしまうと、一時的に街宣活動が収まりはしても、その後、不当な要求を繰り返してくることが想定され

ます。したがって、違法な街宣活動がなされた場合には、速やかに弁護士に依頼し、法的な対応（街宣行為禁止の仮処分）をとる必要があります。

　街宣行為禁止の仮処分とは、裁判の終了を待っていたのでは、当該街宣行為によって著しい損害あるいは差し迫った危険が生じるような場合に、裁判所による審理を経て、街宣行為を禁止する決定の発令を得る手続です。この仮処分を無視した場合には、「間接強制」といって、違反すれば一定額の金銭の支払命令が裁判所から発令されます（Q32参照）。多くの場合、この手続を経ることで、街宣行為が止まります。

(2) 準備しておく事項

　仮処分を弁護士に依頼する場合には、スムーズに対応してもらえるよう、証拠や資料をまとめておくとよいでしょう。まず、相手方を特定する必要がありますので、街宣活動をしている団体の名称について確認し、判然としない場合は、街宣車の車両ナンバーなどを控えておきましょう。

　また、交渉をしてきた当該会社名、当該会社が交渉をもちかけてきた経緯、相手方から得た名刺や資料、相手方交渉担当者の氏名、要求の内容等については、記録を残しておくなど、なるだけ多くの情報を集めておきましょう。

　加えて、街宣行為についてビデオや写真、録音テープで記録化し、街宣の時間・場所・行動経路を示したメモを作成しておくことも大事になります。街宣行為に際してビラ等が配布されていた場合には当該ビラを保管しておきましょう。街宣行為のために、会社に生じた損害や現実的な障害についても明らかにする必要がありますので、近隣住民の苦情や取引先からの問合せの内容等に関するメモ、街宣行為が開始されたことにより別途生じた業務内容やそれに要した時間についてメモを作成しておきましょう。

(3) 損害賠償請求

　仮処分によって街宣活動が止まった場合でも、事案の性質に応じて、会社が街宣活動によって被った損害を賠償させるために、損害賠償請求訴訟をすることも考えるべきでしょう。

2　刑事対応

　街宣活動が継続している場合には、警察にも相談し、被害届を出すことを検討しましょう。脅迫罪、恐喝罪、威力業務妨害罪などに該当し、立件してもらえる可能性があります。

　この場合にも、上記に記載したような証拠・資料を用意してから、警察に相談するようにしましょう。街宣活動によって業務が妨害されていることや不当な要求がなされた場合にはその旨も伝えるようにします。

Q70 暴力団排除運動をしているため、付きまといなどを受けているがどのように対処すればよいか

> 暴力団排除条例が施行されたことを機に、私が音頭をとって商店街で暴力団排除運動を展開していますが、最近、強面の人が、私が経営する店舗や自宅の周りを徘徊したり、私の背後を付きまとったりして日常生活に不安を覚えています。何かよい対処法はありますか。

Answer

I 暴力団排除活動の重要性

　暴力団は、その団体の構成員（その団体の構成団体の構成員を含む）が集団的にまたは常習的に暴力的不法行為等を行うことを助長するおそれがある団体をいうと定義されています（暴力団対策法2条2号）。要するに、暴力団というのは、暴力的・詐欺的な違法・不当な手段を用いて不当な利益を獲得している集団のことをいいます。

　また、暴力団員は、対立する組同士や場合によっては同じ組の組員同士で、拳銃などを用いた対立抗争や殺傷事件を発生させ、関係のない人たちを巻き込む事件もたびたび引き起こしたりしています。

　したがって、暴力団は、その存在自体が、一般市民の平穏な生活の大きな妨げになっているといえ、社会から暴力団を排除していくことは、暴力団から私たちが被害を受けることを防ぐため極めて重要なことといえます。

　そのため、町内会や商店街など近隣の住民が力をあわせて暴力団排除活動をすることは非常に有意義であり、平穏な生活を守るためにも重要なことですが、他方で相手が暴力団である以上、このような活動をすることに対して、設問の事例のように嫌がらせをされたりする可能性も皆無とはいえません。

そのため、暴力団排除条例をはじめとして、暴力団排除活動を行い、または行おうとしている人たちに対しては、さまざまな援助のしくみが用意されています。

Ⅱ 暴力団排除活動に対する援助

1 暴力団排除活動への支援

暴力団排除条例は各都道府県ごとに制定され、その内容に若干の違いがありますが、暴力団排除活動に取り組む住民に対しては、都道府県や警察が、住民が団結をして活動ができるよう情報提供や助言、ノウハウの提供などの支援を行うことを規定しています。

2 保護措置

また、暴力団排除条例では、暴力団排除活動に取り組んでいる住民などが暴力団から危害を受けるおそれがある場合には、警察による保護措置を受けることができるという規定が一般に設けられていますので、暴力団から危害を受けるおそれがある場合には、警察官による巡回など警戒活動をしてもらうことができます。

3 中止命令

東京都暴力団排除条例では、暴力団排除活動を行っている住民などに対して暴力団が付きまとい等の嫌がらせ行為をすることを禁止し、これに違反した場合は、公安委員会から中止命令が出され、さらに中止命令に違反した場合には、1年以下の懲役または50万円以下の罰金刑が科されることになっています。

したがって、東京都においては、公安委員会からの中止命令が速やかに発令されることによって、ほとんど嫌がらせ行為が行われることはなくなると考えられます。

Q70 暴力団排除運動をしているため、付きまといなどを受けているがどのように対処すればよいか

III 嫌がらせなどをされた場合の対応

　暴力団排除活動に対しては、暴力団排除条例において以上のような援助のしくみが用意されており、設問の事例のように嫌がらせ行為が行われている場合には、速やかに最寄りの警察に相談に行くべきです。また、暴力団からの被害に関しては、専用ダイヤルなどで相談できる制度を設けている警察もありますので、そちらに相談することも可能です（たとえば、東京都では「東京都暴力団排除条例専用フリーダイヤル」が設置されています）。

　また、暴力団排除活動を成功させるためは、決して１人にはならず住民が一致団結しつつ、専門家からのアドバイスを受けながら対応することも非常に大事になってきます。警察からの支援は、被害を受けた後だけではなく、その前の暴力団排除活動を行おうとされる段階においても受けることが可能であることは前述のとおりで、警察から助言やノウハウの提供を受けることで、よりスムーズに活動を行うことが可能になると考えられます。

　したがって、暴力団排除活動をするにあたっては、より早い段階から警察などの専門機関と連携しながら進めることも非常に重要なことです。

第7節　その他

Q71　債務整理の「無料相談会」に行っても大丈夫か

> 債務整理をしたいのですが、知り合いに弁護士がおらず困っていたところ、自宅ポストに投函されたチラシに「無料市民相談会。弁護士紹介します」と書いていました。行ってみたいとは思うのですが、どのような団体が主催しているのかわからず不安もあります。行っても大丈夫でしょうか。

Answer

I　整理屋

　弁護士の資格を有さない者が、弁護士から名義を借りて、債務整理を行うなどといって、「法的整理の手付金」、「債権者への弁済金」などの名目で多額の金銭の要求をしてくることがあります。しかし、支払った金銭は債務整理のために使用されず、その者が着服し、まともな債務整理がなされることはありません。

　また、弁護士を紹介して法外な紹介料を請求したりする業者がいます。しかし、この場合も、紹介された弁護士はほとんど対応せず、事務員と名乗る者に任され、その対応も杜撰で十分な債務整理を行わないまま、一方的に不当な報酬金を請求されてしまい、借金の解決にはなりません。

　弁護士資格のない者によるいい加減な事件処理を防止するため、このような行為は、非弁活動あるいは無資格者による弁護士のあっせん行為として、弁護士法72条で禁止されており、こうした違法な活動を行う業者を「整理屋」といいます。整理屋は、「うちを利用するほうが弁護士などに頼むより安く

済む」などと言って勧誘してくることがあります。確かに、弁護士に債務整理を依頼する場合には、着手金や報酬金としてある程度のお金が必要になります。債務整理を必要とする場合には、経済的に余裕がなくなっており、事件処理にかかる費用を支払うことも躊躇し、少しでもコストをかけずに債務整理ができるならと考えて、違法な整理屋を利用してしまうケースがみられます。

　チラシや夕刊紙等に掲載されている無料相談、弁護士あっせんなどの広告には、このようなものが紛れていることがあり、注意する必要があります。

　債務整理が必要なときには、気持ちに余裕がなくなり、少しでもコストをかけずに解決したいと考えてしまうかもしれませんが、生活を再建するためには、間違いのない専門家に頼むことが一番の早道になります。

Ⅱ　弁護士会等への問合せ

　実際に、各都道府県の弁護士会、司法書士会、地方自治体等が主催者として無料法律相談会を行っていることがあります。これらの団体が主催しているものであれば、行っても問題はないでしょう。もっとも、お住まいの地域の弁護士会や司法書士会、地方自治体に事前に問合せをしてから相談に訪れるようにしましょう。

　また、各都道府県の弁護士会には、法律相談センターが設けられています。こちらは原則として相談料がかかりますが、知り合いに弁護士がいない場合には、利用してみるべきです。法律相談センターによる法律相談の場合には、相談内容のメモをセンターに残しますので、次に異なる弁護士が対応する場合でも引継ぎができるようになっています。

　各都道府県の弁護士会では、消費者にかかわる法律問題に特化した委員会を設置し、より専門的なアドバイスをもらえる窓口を用意しています。債務整理が必要な場合には、このような窓口を利用することから検討するべきでしょう。

費用の面が心配という場合には、法テラスを通して民事法律扶助制度を利用することが考えられます。この制度は、弁護士への報酬等の費用を支払うことが困難である場合に、一定の資力要件等を満たせば、弁護士費用等の立替えをしてもらえるという制度です。原則としては、かかった費用を分割して弁済する必要がありますが、報酬等をある程度安く抑えることができ、費用の負担が軽減できる点にメリットがあります。

Q72 親族に暴力団組長がいるため部屋を借りられないのだが、どうすればよいか

> 引っ越しをしようとしているのですが、不動産業者から部屋の賃借を断られ続けています。ある不動産業者が言うところでは、原因は私の兄が有名な暴力団組長であることにあるらしいのですが、私はどうしたら部屋を借りることができますか。

*A*nswer

Ⅰ 現代社会における暴力団排除の気運

　現在、各都道府県で暴力団排除条例が施行されるなど、社会から暴力団を排除していこうという気運が非常な高まりをみせており、暴力団員のみならず暴力団員と密接に交際している者なども「暴力団関係者」として、暴力団員同様に取引から排除されており、社会全体が暴力団関係者に対して過敏になっています（Q34、Q57等参照）。

　このような社会情勢においては、残念なことではありますが、兄弟が有名な暴力団組長という一事でもって、あなた自身も暴力団関係者ではないかと疑われてしまうこともあり得ないとはいえません。これは一種の風評被害といえます。

Ⅱ 取引から排除されるべき「暴力団関係者」とは

　それでは、取引から排除されるべき「暴力団関係者」とは、いったい、暴力団や暴力団員とどのような関係を有するものをいうでしょうか。

　この点、平成23年10月1日に施行された東京都暴力団排除条例においては、「暴力団関係者」を「暴力団若しくは暴力団員と密接な関係を有する者」

231

と定義して、「暴力団関係者」の取引からの排除を推進しています。そして、警視庁のウェブサイトでは、どのような者が「暴力団関係者」に該当するかについて例示がなされており、この例示から、どのような関係であれば社会から排除されるべきことになるのかがある程度判明すると考えられます。

すなわち、同ウェブサイトにおいては、「暴力団関係者」に該当する例として、①暴力団または暴力団員が実質的に経営を支配する法人等に所属する者、②暴力団員を雇用している者、③暴力団または暴力団員を不当に利用していると認められる者、④暴力団の維持、運営に協力し、または関与していると認められる者、および⑤暴力団または暴力団員と社会的に非難されるべき関係を有していると認められる者があげられており、さらに、⑤の例として、ⓐ相手方が暴力団員であることをわかっていながら、その主催するゴルフコンペに参加している場合、ⓑ相手方が暴力団員であることをわかっていながら、頻繁に飲食を共にしている場合、ⓒ誕生会、結婚式、還暦祝いなどの名目で多数の暴力団員が集まる行事に出席している場合、およびⓓ暴力団員が関与する賭博等に参加している場合があげられています。

他方で、暴力団員と交際していると噂されている、暴力団員といっしょに写真に写ったことがある、暴力団員と幼馴染みの間柄という関係のみで交際している、暴力団員と結婚を前提に交際している、親族・血縁関係者に暴力団員がいる、といった状況や境遇にあるのみでは「暴力団関係者」であるとみなされることはないとも明記されています。

このようなウェブサイトの例示に照らせば、暴力団の活動に貢献したり、進んで暴力団員を支援したりする者が「暴力団関係者」であり、そのような関係にない者は、たとえ暴力団員と何らかの関係があっても、「暴力団関係者」であるとして非難されるべきではないといえます。

よって、「兄が有名な暴力団組長である」といった関係にすぎないのであれば、換言すれば、あなた自身は兄の所属する暴力団の活動に何ら関与していないのであれば、あなた自身が「暴力団関係者」として取引を拒まれる理

由はありません。

III 「暴力団関係者」に該当しない場合の対応

1 賃貸人側の懸念

あなた自身が、兄の所属する暴力団の活動に何ら関与していないにもかかわらず、兄が暴力団組長であるために契約締結を拒まれている場合、相手方は、あなた自身も暴力団関係者であると誤解しているものと考えられます。

また、不動産業者は、暴力団員への名義貸しを警戒していますので、あなた自身が暴力団関係者か否かにかかわらず、兄弟であれば名義貸しの可能性が高いと懸念していることも考えられます。

そこで、契約締結に向けて、相手方に、あなた自身が暴力団関係者に該当しないことおよび名義貸しではないことについて、理解を促すことが必要となります。

2 相手方の誤解と懸念を解消する方法

(1) 暴力団関係者に該当しないことの説明

この点については、まず、上述した警視庁ウェブサイトの例を示すなどして、相手方に取引から排除されるべき「暴力団関係者」とはどのような者なのかの理解を求めることが有用と思われます。

次いで、自分がそのような「暴力団関係者」に該当しないことについて理解を求めることになりますが、この理解を得るためには、客観的な資料を提示することが有用です。もっとも、暴力団関係者ではないことを直接証明する公的な証明書などは存在しません。

そこで、就業先の在籍証明書を提示して、通常の就職をして稼働収入を得ていることを証明することなどが考えられます。また、メガバンクで預金口座を開設して、通帳によってそのことを証明することも有用と思われます。政府指針（Q17参照）の公表以降、銀行、中でもメガバンクなどは預金取引からの暴力団排除を徹底していますので、このような銀行の取組みにあって

233

も預金口座を開設できたことは、あなたが当該メガバンクから暴力団関係者であるとは認識されていないことの証明になり、ひいては、あなた自身が暴力団関係者ではないことを推認させると期待できます。

(2) 名義貸しではないことの説明

名義貸しではないこと、すなわち、あなたに貸したはずの部屋が暴力団組長の兄に使用されないことを納得してもらうのは、前記(1)よりも困難であると考えられます。名義貸しではないと理解してもらうための決定的な資料が存在しないためです。

この点については、あなた自身が新たに部屋を借りて、その部屋で生活をする必要性を裏づける事情を資料と共に提示して理解を求めるほかはないと思われます。たとえば、転勤に伴って引っ越しが必要になったのであれば、転勤の事実を証明する資料などを提示するのが有用になると考えられます。

3 留意点

以上については、留意すべき点が何点かあります。

まず、相手方の誤解が解けたとしても、あなたと契約を締結するか否かは、あくまで相手方の判断に委ねられる問題であり（Q48参照）、あなたが契約締結を要求する権利を得るわけではありません。また、相手方は、なぜ、あなたとの契約締結を拒むのか、その理由をあなたに対して説明する義務を負うものでもありませんので、執拗に理由を問い質そうとすると、かえって信頼関係を築けなくなる可能性もありますので、この点にも留意する必要があります。

第3章　経済活動からの暴力団排除

Q73　従業員が暴力団員であることが判明した場合、解雇できるか

> 昨年雇用した従業員が取引先からの情報で暴力団員であることが判明しました。解雇などの何らかの手段をとることはできますか。

Answer

Ⅰ　解雇の必要性

従業員が暴力団員など反社会的勢力である場合には、企業に害悪を及ぼすおそれがあり、またそうでないとしても、暴力団関係企業と評価されかねず、会社のレピュテーション・リスクがあります。そこで、このような場合に当該従業員を解雇できるかを検討します。

Ⅱ　解雇権の行使

労働者は労働法制によって手厚く保護されています。解雇の場面においても、他の種類の契約の解除以上に、解雇事由が制限されています。

解雇の種類には、①普通解雇、②懲戒解雇、があります。①の普通解雇の場合には、天災事変その他やむを得ない事由のために事業の継続が不可能となった場合または労働者の責に帰する事由に基づいて解雇をする場合を除き、解雇をする30日前の解雇の予告などの手続が必要であり、解雇につき、客観的に合理的な理由があり、かつ社会通念上相当と認められるものでなければなりません（これを「解雇権濫用の法理」といいます。労働契約法16条）。また、解雇事由が就業規則に明記されていなければなりません。②の懲戒解雇の場

合には、懲戒事由が労働契約あるいは就業規則に明確に定められていなければならず、違反行為と処分の程度との均衡や従業員の弁明の機会の確保など、手続や処分の重さが合理的かつ相当なものでなければなりません。

III 解雇の可否

1 普通解雇の場合

就業規則上、暴力団員等に該当することが解雇事由となることを明記しておく必要があります。そのうえで、当該従業員が暴力団員であるということを理由に解雇をすることが合理的かつ社会的に相当といえるかを検討しなければなりません。入社後、当該従業員に粗暴な行為や会社に不利益を与える行為等業務に支障を及ぼすような特段の問題行動がない場合には、慎重に対応する必要があります。

2 懲戒解雇の場合

入社時において、会社が従業員に対して、暴力団員等でないことを確認していたにもかかわらず、これを秘匿して入社したような場合には、経歴詐称を理由とすることが考えられます。また、私生活上の非違行為など会社の信用を失墜させる行為があったと理由づけて対応することも考えられます。

もっとも、前述のとおり、懲戒解雇は最終手段という側面が強く、これを行使するには厳格な労働法上の規制をクリアしなければならず、この場合にも慎重な対応が必要であることは間違いありません。

3 退職勧奨（合意解約）

普通解雇、懲戒解雇いずれについても、解雇をすることに相当ハードルが高いことは間違いありません。また、解雇の有効性について争われた場合には、近年では、労働審判という制度により、比較的短期間で解決するケースも増えてきましたが、労働審判において調停がまとまらず、訴訟に移行した場合には、ある程度時間や費用がかかります。

そこで、解雇権を行使するのではなく、退職勧奨をして、話合いにより労

働契約を合意解約することを検討するべきでしょう。

個別の事案について具体的な対応に迷うときは、弁護士に対応策を相談しましょう。

IV　情報の正確性

このように、解雇権を行使するためには、厳格な手続と要件をクリアする必要があり、解雇が認められるか否かは微妙な点を含みますので、少なくとも、相手方が暴力団員であるかどうかの情報収集は非常に重要になります。

相手方の属性情報を誤ったうえで、解雇権を行使した場合には、相手方から解雇の有効性を争われ、従業員であることの確認や損害賠償等の請求を受ける可能性があります。今回の設問は、取引先からの情報ということですが、その情報だけではなく、新聞やインターネット情報等からの情報収集や警察への照会など、十分な調査をしておきましょう。

V　予防策

予防策として考えられることは、内定通知書の内定取消事由および労働条件通知書に反社会的勢力に所属していること等を労働契約解除事由（解雇事由）となる旨明記することがあげられます。また、就業規則等の社内規程の変更を行い、従業員が反社会的勢力であることが判明した場合の対応について明記しておくことも考えられます。

そのほかにも、入社時、反社会的勢力ではないことの誓約文言と反社会的勢力であることが判明した場合にはいかなる処分を受けても異議はない旨の誓約書を差し入れさせることも、その後の処分をしやすくする方策の1つと考えられます。

Q74 暴力団関係者に生活必需品を販売することは利益の供与にあたるか

> 暴力団排除条例によると暴力団関係者に利益の供与をしてはいけないそうですが、生活必需品を販売することも利益の供与にあたるのでしょうか。

Answer

I 暴力団排除条例における助長取引の禁止

　暴力団排除条例は、社会から暴力団の排除を図ることを目的として、平成21年から平成23年にかけて全国の都道府県で施行されていますが、その多くが、事業者に対して、いわゆる助長取引を禁じています。

　たとえば、平成23年10月1日に施行された東京都暴力団排除条例においては、事業者が自らの事業に関して、暴力団の活動を助長または暴力団の運営に資することとなることを知りながら一定の暴力団関係者等と取引を行うことが禁じられています（同条例24条3項本文）。

　この点、条文上は「取引をしてはならない」ではなく「利益供与をしてはならない」と規定されていることから、正当な対価の支払いを受けてさえいれば本規制に該当しないと誤解される方も多いようです。しかし、正当な対価の支払いを受ける通常の取引であっても、相手方が一定の暴力団関係者等であれば助長取引にあたる可能性がありますので注意を要します（Q2、Q3参照）。

　そして、助長取引の禁止に違反した事業者には、制裁が科されることもありますので（東京都暴力団排除条例では中止勧告・公表といった行政処分が予定されています）、自らの営業において助長取引に該当する取引はないか、この点検は事業者にとって急務となっています。

II　助長取引該当性の判断方法

　では、この助長取引に該当するか否かはどのように判断すべきなのでしょうか。

　条文上は、暴力団の活動を助長し、または暴力団の運営に資することを知りながらする取引ということになりますが、これへの該当性の判断には明確な基準があるわけではありません。

　実務的には、取引相手方と暴力団との関係の濃密さ、取引により提供される利益の内容、規模や継続性などの事情から、その取引が暴力団の活動を助長したり、その運営に資することになるか否かを個別具体的に検討することになります。

　この点、東京都暴力団排除条例に関しては、警視庁のウェブサイトで助長取引該当性について具体例が公表されていますので、これが参考資料になります（「東京都暴力団排除条例Ｑ＆Ａ」<http://www.keishicho.metro.tokyo.jp/sotai/haijo_q_a.htm>）。

　一部を紹介しますと、たとえば、内装業者が暴力団事務所であることを認識したうえで暴力団事務所の内装工事を行う行為、ホテルの支配人が暴力団組長の襲名披露パーティーに使われることを知ってホテルの宴会場を貸し出す行為、印刷業者が暴力団員の名刺や組織で出す年賀状等の書状を印刷する行為などが助長取引に該当する取引として例示されています（Ｑ３参照）。他方で、レンタカー業者が会合のための送迎用に使用するマイクロバスとしてレンタルしたところ貸与した相手が暴力団員であることが後から判明した場合、飲食店が個人的に使用すると思い暴力団員に個室を貸したところ結果的に組織の会合として使用されてしまった場合、葬祭業者が身内だけで執り行う暴力団員の葬儀のために会場を貸し出す行為などが助長取引に該当しない取引として例示されています。

Ⅲ　生活必需品の販売の助長取引への該当性

　それでは、暴力団関係者に生活必需品を販売することは助長取引に該当するのでしょうか。

　たとえば、暴力団員にミネラルウォーター1本と弁当1個を販売したとしても、これらはその暴力団員個人で消費し尽くされるものでしょうから、暴力団という組織の活動を助長したり、その運営に資することになったりすることはないものと考えられ、よって、助長取引には該当しないと判断できます。

　上記警視庁の公表例においても、「コンビニエンスストアが、暴力団員に対しておにぎりや清涼飲料水等の日常生活に必要な物品を販売する行為」は助長取引に該当しないと整理されていますので、生活必需品であれば基本的に助長取引に該当しないと考えて間違いはないでしょう。

　ただし、これはあくまで一般論にすぎず、実際の事案において助長取引に該当するか否かを判断するには、あくまで前述した観点からの個別具体的な検討が必要です。生活必需品とカテゴライズされる商品でありさえすれば、いかなる場合でも助長取引に該当しないとは断言できません。その量によっては、相手方となる暴力団員にとって生活必需品というよりもむしろ資金獲得手段となる場合もあり得ます。たとえば、ミネラルウォーターであっても、これを一度に数百本も販売するような場合、相手方がこれを転売することで利益を得ようとしている可能性も否定できません（飲食店にミネラルウォーターを卸売りし、その代金にみかじめ料分を上乗せして支払いを求めるなどは想定できないことではありません）。このような相手方の意図を知りながら、大量のミネラルウォーターを販売するような場合であれば、助長取引に該当すると考えられます。

Q75　暴力団員が相手であっても問題のない契約はあるか

> 　私は、医者をしています。最近、暴力団員とは契約をしてはいけないということをよく耳にしますが、医療行為も基本的には相手方との契約に基づいて実施するものです。しかし、暴力団員が相手であっても必要な医療行為は当然に施すべきであり、この点に間違いはないと考えています。このように暴力団員との契約といっても問題のある契約と問題のない契約があるのだと思いますが、その線引きがよくわかりません。どのように整理すればよいのでしょうか。

*A*nswer

I　医師の応召義務

　あなたのお考えにはお見込みのとおり間違いはありません。むしろ、相手方が暴力団員であっても医療を実施することは医師に課せられた義務です。
　医師法19条１項には、「診療に従事する医師は、診察治療の求があった場合には、正当な事由がなければ、これを拒んではならない」と応召義務が規定されています。ここにおける「正当な事由」とは、一般に医師の病気などによって診療が不可能な場合など制限的に理解されており、相手方が暴力団員であるという属性などは、ここに含まれるものではありません。

II　問題のある契約

　次に、相手方が暴力団員であると問題のある契約について説明します。
　政府指針においては、企業は、暴力団をはじめとする反社会的勢力との「取引を含めたいっさいの関係遮断」を求められています（Q17参照）。政府指針は法的な拘束力を有するものではないためか、ここにおいては、例外なく

「いっさいの関係」をもたないことが求められています。

　この点、違反者に法的制裁を課すことも予定する暴力団排除条例では、問題のある契約がどのようなものか、ある程度明らかにされるようになりました。東京都暴力団排除条例を例にあげると、事業者による助長取引が禁止されていますが、その内容は、暴力団の活動を助長または暴力団の運営に資することとなることを知りながら一定の暴力団関係者等と取引を行うこととされています（Q74参照）。

　この助長取引への該当性を判断するための明確な基準まではありませんので、個別具体的な事情に応じて判断していかざるを得ませんが、その文理からすれば、暴力団の活動や運営を支援する結果につながることを知りながら締結する契約が禁止されていると理解しておけばよろしいかと思います。

　そして、社会から排除されるべき暴力団の活動や運営を支援する結果につながることを知りながらするような契約は、まさに社会的に非難されるべきといえ、事業者がそのような契約をすることには明らかに問題があるといえます。

Ⅲ　問題のない契約

1　総論

　暴力団の活動や運営を支援する結果につながることを知りながらするような契約は、社会的に非難されるべきであるから問題があるということであれば、逆に、暴力団の活動や運営を支援する結果につながらない契約やつながる場合でもそのことを知らないでなした契約は社会的に非難されるべきでなく、基本的に問題のない契約であると考えられます。

　東京都暴力団排除条例においても、以下のように助長取引の例外が規定されています。

2　法令上の義務の履行

　まず、法令上の義務として履行する場合には免責になるとされています。

医師法の応召義務が典型といえます。ほかにも、電気、ガス、水道などライフラインの供給についても法律によって正当な理由なくして拒めないものとされています。もっとも、個人宅のライフラインについては、それが暴力団の活動や運営を支援する結果になるとは直ちにいえないことはわかりやすいですが、もっぱら暴力団組事務所として使用されている建物に電気やガス、水を供給することまで許容されるのかは疑問です。そもそも暴力団組事務所自体が社会からの排除対象となっているのですから、暴力団組事務所を使用させないために電気やガス、水の供給を停止するのであれば「正当な理由」があると考えることも不合理ではありません。

3　事業者であっても助長取引となることを知らずにした契約

次に、東京都暴力団排除条例では、事業者であっても助長取引となることを知らずにした契約であれば、それに基づく履行をしても制裁の対象にはならないものとされています。

この点、暴力団の活動や運営を支援する結果につながることを知らずにした契約については、確かに強い非難は妥当しないと考えられます。しかし、そもそも同条例では、助長取引となる可能性がある契約に際しては、事業者に相手方が暴力団関係者ではないことを確認するよう努力することを求めているのですから、知らずに契約をした場合、この努力を怠ったものとして非難される可能性はありますので、この点に留意が必要となります。

4　その他正当な理由がある場合

最後に、東京都暴力団排除条例においては、「その他正当な理由がある場合」は助長取引となっても制裁の対象にはならないとされています。

この点に関する例としては、暴力団員を相手とする民事訴訟で敗訴して多額の賠償金を支払うことを避けるために、より少額な和解金を支払うことがあげられます。この例は、暴力団員の手にわたる金額をより少額に抑えるための和解ですから、社会的な非難を免れるに足りる合理的な理由があると考えられます。

Q76 暴力団組事務所のエアコン修理も利益供与に該当するか

電話で依頼を受けてエアコンの修理にいったところ、その場所はどうも暴力団組事務所のようでした。暴力団排除条例によれば、暴力団に対する利益供与は禁止されているそうですが、エアコンの修理も利益供与に該当するのでしょうか。

*A*nswer

I 暴力団排除条例において禁止される利益供与

各都道府県において制定されている暴力団排除条例においては、暴力団等に対して「利益供与」を行うことを禁止しています。「利益供与」とは、金品その他の財産上の利益を与えることをいいますが、この「財産上の利益を与える」というのは、商売上暴力団等に対して有利な取り計らいをしたという場合に限られず、通常の対価に見合った金額で取引をする場合も、これに該当すると考えられています（Q2、Q3参照）。

ただし、暴力団排除条例においても、暴力団等に対するすべての利益供与が禁止されているわけではなく、禁止されているのはその利益供与が暴力団の活動を助長したり、暴力団の運営に資することとなることを知って行われる場合に限られます。

設問の事例においても、このような「利益供与」の考え方に従えば、暴力団に有利な金額や条件ではなく、通常の金額や条件で修理を行ったとしても「利益供与」をしたことになりますので、エアコンを修理する行為が、暴力団の活動を助長したり、暴力団の運営に資することとなることを知って行われたと判断される場合には、暴力団排除条例において禁止される「利益供与」に該当すると考えられます。

Ⅱ 利益供与にあたるか否かの判断基準

1 どのような行為が暴力団を助長したり、運営に資すると判断されるのか

　この判断は、個別具体的に判断されるべき問題であり、一概に申し上げることができませんが、警視庁のウェブサイトには、具体例として次のような事例があげられています。

○　内装業者が、暴力団事務所であることを認識したうえで、暴力団事務所の内装工事を行う行為

○　ホテルの支配人が、暴力団組長の襲名披露パーティーに使われることを知って、ホテルの宴会場を貸し出す行為

○　印刷業者が、暴力団員の名刺や組織で出す年賀状等の書状を印刷する行為

○　警備会社が、暴力団事務所であることを知ったうえで、その事務所の警備サービスを提供する行為

○　不動産業者が、暴力団事務所として使われることを知ったうえで、不動産を売却、賃貸する行為

○　ゴルフ場の支配人が、暴力団が主催していることを知って、ゴルフコンペ等を開催させる行為

○　興行を行う事業者が、相手方が暴力団組織を誇示することを知ったうえで、その暴力団員らに対し、特別に観覧席を用意する行為

○　風俗店経営者が、暴力団員に対し、いわゆる「みかじめ料」を支払う行為や、暴力団から正月のしめ飾り等を購入する行為

○　スナック経営者が、暴力団員が経営する事業者であることを知りながら、その事業者から、おしぼりや観葉植物などのレンタルサービスを受けてその料金を支払う行為

この例のように、暴力団を助長したり、運営に資すると判断される範囲はかなり広範であり、暴力団との取引の多くはこれに該当すると判断されますので、相手方が暴力団と判明した場合には、その取引を行う否かは極めて慎重に判断すべきであり、基本的には応じないという姿勢が必要です。

2　利益供与違反にあたらないケース

　他方、相手方が暴力団であると知らなかった場合や暴力団を助長したり、運営に資するものであることを知らなかった場合（ただ、この範囲は前記のとおり広範ですので、暴力団であるとわかっていた場合には、これを知らなかったという理由で言い逃れをすることは極めて難しいと考えられます）には利益供与違反にはあたらないとされています。

　また、法令上または暴力団とは知らずに締結してしまった契約の義務に基づき利益供与をする場合にも、利益供与違反にはあたらないとされています。

　この具体例としては、暴力団組事務所に電気やガスを供給したり（なお、Q75参照）、医師が診療行為を行う場合など法令に基づいて行われる行為や、事務機器業者が暴力団排除条例施行前に締結した契約に基づき暴力団に事務機器をリースしていたところ、契約満了日までリースサービスを継続する行為などがあげられています。

III　設問の事例における対応

　以上を前提としますと、設問の事例においても、暴力団組事務所であるとわかってエアコンの修理を行う行為は、利益供与違反に該当する可能性が高いと考えられます。

　ただし、相手方が暴力団とは知らずに契約を締結してしまっており、その契約に基づいて修理をしなければならないような場合には、例外的に利益供与違反には該当しないと考えることもできます。

　たとえば、そのエアコンについてある期間継続的にメンテナンスをする契約をすでに締結してしまっているような場合には、この例外にあたる可能性

があります。また、設問の事例では、暴力団組事務所であるとは知らずに電話で修理の依頼を受けて修理にいったということですので、電話で修理することの口頭合意（契約）ができていたと考えられる可能性もあり、そのような場合には契約に基づく行為として利益供与違反にあたらないと判断される可能性があります。

IV 普段からの情報収集

　設問の事例では、暴力団組事務所であるとは知らずに訪問してしまい、現場でそれとわかって対応に苦慮してしまったケースです。確かに、現場で暴力団組事務所とわかった場合、依頼を断るか否かの判断は微妙であり、暴力団員の監視下において難しい判断を迫られることになってしまいます。

　相手方が暴力団であるという情報があれば、このような事態に陥ることを未然に防ぐことが可能と考えられます。したがって、普段から暴力団排除を意識して、地道に情報収集をするなどの対策をとられることが大事だと考えられます。

Q77 債権回収の場面で暴力団員からの債務免除の要求に応じるべきか

> 取引先のＡ社の経営状況が思わしくないと聞いたので、債権回収の交渉をしにＡ社に行ったところ、暴力団風の男が出てきて「Ａ社の代理人として社長から交渉を一任されている。債務全額を支払うのは難しいので、大幅に減額してもらう」といって、債務免除を強硬に求められました。Ａ社の現状からすると、確かに債権全額を回収するのは難しいようには思いますが、このような要求に応じるべきでしょうか。

Answer

I　倒産整理屋

　倒産しかかっている会社の債権者または債権者の代理人、もしくは債務者である会社の代表者にとって代わって私的整理などの処理を行い、債権者を脅して債務を免れさせ、会社財産を無断で売却し、不正な融資を申し込むなどして、会社が得た金銭から分け前をもらうなどの不正な利益を得ようとする集団を倒産整理屋といいます。

　倒産整理屋は、倒産しかかっている会社の混乱した状況に付け込んで、自ら主導して、私的整理を進めようとします。ここで得た利益は倒産整理屋自身やその背後に付いている暴力団等の反社会的勢力の活動資金となります。

II　安易に要求に応じない

　本設問のように、Ａ社との関係が明確でない怪しい人物に債務の免除を詰め寄られたとしても応じる必要はなく、そもそも、この人物と交渉する必要もありません。なぜならば、この人物が弁護士でなければ、この人物の行為は、弁護士法に違反しているからです。

弁護士法72条において、人の権利義務にかかわる法律事件は、原則として弁護士以外の者は行ってはならないと定められています。したがって、本件のように係争性のある債権の整理、交渉等に関して、原則として弁護士以外の者が代理権を受けて処理することはできません。

安易に応じると、本来回収できるはずの債権も回収できなくなり、倒産整理屋だけを不当に利することになってしまいます。相手から即断を求められたとしても、その場で要求を断り、その後は交渉を行わないようにしましょう。

Ⅲ 進め方

1 状況の確認

状況を確認するため、Ａ社の代表者や担当従業員と連絡をとることを検討します。もっとも、整理屋が介入する状況に陥っている場合には、Ａ社の代表者や担当従業員と全く連絡がとれなくなっている可能性があります。そのような場合には、無理にＡ社と連絡や交渉をしようとせず、専門家である弁護士に依頼して、債権者の主導で整理を進められるような方向にもっていく必要があります。

倒産整理屋を排除することは、当該債権者のみならず、他の債権者にとっても利益になりますので、場合によっては、他の債権者と協調することを検討してもよいでしょう。

2 法的手続

(1) 保全手続

倒産整理屋が現れる前に、Ａ社の決算書などを徴求できていて、資産をある程度把握できているような場合には、Ａ社の有する会社財産に対して、仮差押えや仮処分等の保全手続を行うことが考えられます。これにより、倒産整理屋によるＡ社の財産の不当な流出を防ぐことができるからです。

(2) 債権者による破産申立て

また、債権者による破産申立てを行うことも考えられます。もっとも、この手続は、費用と時間がかかるため、債権回収に見合っているかどうかを弁護士とよく相談のうえ、申立てをするかどうかを検討するべきでしょう。

Q78 継続的に委託していた業者が暴力団関係会社とわかったらどうすればよいか

　清掃業者に事務所の清掃を数年にわたって継続的に委託してきたのですが、当該業者が暴力団関係会社であることが判明しました。どのような対応をとるべきでしょうか。

*A*nswer

I　契約の解消

　仮に、当該清掃業者が行う清掃業務の態様に問題がなければ、委託元とすれば、わざわざ契約を解消し、新しい業者を探して新たに業務委託契約を締結しなくてもよいように思うかもしれません。

　しかし、現在問題がないとしても、受託業者が暴力団関係者であると、委託元が何らかのミスや不祥事を起こした場合に委託元に対して不当な要求をしてきたり、委託料等の報酬が暴力団の犯罪資金にされたりするおそれがあります。また、反社会的勢力との関係遮断の気運が高まっている近年の情勢や、企業防衛、企業の社会的責任（CSR）の見地からも、速やかに契約関係を解消することを検討するべきでしょう。

II　契約解消の方策

1　暴力団排除条項を設けているとき

　業務委託契約書に、暴力団排除条項や、暴力団関係者でないことの表明保証条項などを設けていれば、相手方が暴力団関係者であることが判明した時点で、当該条項に基づいて、契約を解除することを検討するべきでしょう。もっとも、この場合に信頼関係の破壊あるいは重大な義務違反があるといえ

るかは検討されなければなりません。

2 暴力団排除条項を設けていない場合

(1) 契約の更新拒絶による方法

契約期間を設け、「○カ月前までに更新拒絶、解約申入れ等がない限り、契約を更新する」という契約内容になっている例が多くみられます。そこで、期間満了日が近づいてきた段階で、更新拒絶通知を発して、契約関係を解消することが考えられます。

もっとも、更新を拒絶することが困難な場合もあります。たとえば、繰り返し更新されるなど契約関係が長期にわたり、相手方が契約更新を期待する合理的な事情があるような場合には、信頼関係の破壊などの「やむを得ない事由」や合理的な「予告期間」が必要になることがあります。

「やむを得ない事由」については、個別の事案ごとに諸般の事情を総合的に考慮して判断することになりますが、相手方が暴力団関係者であることを証明でき、そのほかに不当な行為や職務懈怠行為がみられるような場合には、これが認められる可能性はあります。

予告期間については、契約書にすでに設けられている場合には、その期間までに通知する必要があります。予告期間が設けられていない場合でも、相手方との無用なトラブルを避けるために、取引解消に通常必要な程度の期間の予告期間を設けるべきでしょう。

(2) 契約の解除による方法

契約違反行為があった場合には、約定違反に基づく解除を検討するべきでしょう。

他方、違反行為とまではいえないものの、不当な行為が度重なるような場合には、信頼関係破壊の法理によって契約を解除することを検討します。たとえば、暴力団関係者であることの証明が可能であり、不適切な言動、危険な行為等が幾度となくあるのであれば、それらの事情を理由として契約解消を進めていくことになります。

Q78 継続的に委託していた業者が暴力団関係会社とわかったらどうすればよいか

　しかし、以上のような事情に乏しい場合には、契約関係を解消することは難しくなってきます。したがって、契約書に依然として暴力団排除条項が導入されていない場合には、導入するように交渉しましょう。

Q79 契約書に暴力団排除条項がない場合に暴力団関係者との契約を解除できるか

> 契約をした相手方が暴力団関係者と判明しましたが、契約書に暴力団排除条項を入れていませんでした。契約を解除することはできないのでしょうか。

Answer

I 序

暴力団排除条項があれば、当該条項を用いて契約を解消しやすくなります。他方、暴力団排除条項を設けていなかった場合でも、契約を解消できる場合はあります。

II 合意解除

相手方との合意によって、契約を解消する方法が考えられます。もっとも、相手方も当該契約により一定の利益を得ていますので、簡単に契約を解消してくれるということは、期待しにくいところですので、粘り強く交渉することが必要になってきます。当然のことですが、合意解除にこぎ着けようとするばかりに、虚偽の事実を相手方に告げるようなことはしてはいけません。逆に、合意解除の有効性を争われたり、相手方に損害賠償等を請求されたりするリスクが生じます。

III 法定解除

法律上、一方的な解除権の行使が認められている場合があります。民法上認められるものとしては、①履行遅滞に基づく解除（民法541条）、②履行不

能に基づく解除（同法543条）、③不完全履行に基づく解除（同法541条・545条）、④売買契約における手付解除（同法557条）、⑤請負契約における注文者の解除（同法641条）などがあります。解除が認められるための要件に該当する事実があれば、解除権を行使できます。

IV 約定解除

契約書内にあらかじめ取引の実態に即した解除権発生の要件を合意しておき、相手がそのルールに従わなかった場合に、解除を行うという方法が考えられます。もっとも、これらについても、解除が認められるためには当該契約に定めた要件に該当する事実が必要になります。

V 詐欺・強迫による取消し

契約締結に際して、相手方が自分を騙したり、脅したりしたような場合には、当該事実に基づいて、相手方の詐欺あるいは強迫を理由に契約を取り消すことができます。

具体的な要件としては、詐欺については、①相手が自分を騙し（詐欺行為）、②騙されたことを原因として勘違いをし（錯誤）、③その勘違いに基づいて契約を締結したという事実が認められたとき、強迫については、①相手が自分を脅し、②脅されたことを原因として恐怖心を抱き、③その恐怖心から契約を締結したという事実が認められたときに、契約を取り消すことができます。

相手が暴力団関係者であることを黙して取引に及んだような場合に、詐欺があったといえるかについては、交渉経緯など個別具体的な事情によりますが、詐欺行為があったことの判断要素になり得ます。

VI 錯誤無効

①勘違いにより自分の内心と、実際に相手方に伝えた表示内容（意思表示）

とが異なるにもかかわらず、その意思表示の誤りに気がつかなかったこと、②その勘違いをしなければ、自分だけでなく他の一般人もそのような意思表示をしなかったであろうと評価される程度に重要な事項について勘違いをしたこと（これを「法律行為の要素の錯誤」といいます）、③勘違いをしたことについて著しい不注意がないことという3つの要件に該当する事実がある場合には、錯誤無効として、自分がした契約締結の承諾について無効であったと主張することができます。ただし、意思表示をするに至る動機に勘違いがあるというだけ（これを「動機の錯誤」といいます）では、その動機の内容を相手に表示していない限り、錯誤無効を主張することはできません。

　相手方が暴力団関係者であったことが錯誤にあたるか、動機の錯誤にすぎないかの判断についても、交渉経緯など個別具体的な事情によることになります。

Ⅶ　公序良俗違反、権利濫用

　契約解消を認めなければ、社会常識と著しく反するような場合や相手方の取引態様や権利行使の態様が社会常識に著しく反するような場合には、公序良俗や相手方の権利濫用を理由として、当該契約の無効を主張することができます。しかし、この主張はほかに契約関係を解消する手法が見あたらない場合の最終的な手段であり、安易に主張できるものではありません。

Ⅷ　いずれにもあてはまらない場合

　相手方を継続的にモニタリングし、契約解消に向けて証拠収集を図るべきでしょう。必要に応じて、相手方と交渉し、取引を縮小していくことを検討してもよいでしょう。

　また、社会情勢を踏まえ、暴力団排除条項を新たに設けることを求めて交渉することを検討しましょう。

Q80 ヤミ金融業者から借金をしていたようだが、返さなくてはならないか

> 勤めている会社が不渡りを出してしまい倒産してしまったのですが、社長がヤミ金融業者からお金を借りていたようで、暴力団員風の人が現れて借用書を見せながら、「金を返せ。返せないなら、倉庫の商品を持っていく。この承諾書にサインしろ」と言い張っています。借金がある以上、言われたことに従わなければならないのでしょうか。

Answer

I 債権者の権利関係

担保権などの優先的な権利を有する債権者を除き、一般債権者の権利は、原則として平等です。特に、債務者が倒産状態になるなど支払不能な状態になった場合には、すべての債権者が満足を受けることが困難となり、債権者間における回収合戦が行われたり、抜け駆けで有利に回収を図ろうとする債権者が現れたりすることがあります。ただ、回収合戦が過度に行われてしまうと、返済原資であるべき債務者の資産が減少し、本来平等であるはずの債権者間に不平等が生じることとなってしまいます。

無秩序にそのような抜け駆け的行為が認められるものではなく、法もそのような行為を基本的に認めていません。

したがって、債権者だからと名乗って勝手に会社の商品を持っていくような行為が認められることはありませんし、そのような要求にも応じるべきではありません。

II ヤミ金融業者からの借入れの無効

設問の事例によれば、債権者と称する人物はヤミ金融業者とのことですの

で、そもそも債権者であるか極めて疑わしいといえます。

　ヤミ金融業者とは、「トイチ」(10日で１割、１年で365％の金利)や「トサン」(10日で３割、１年で1095％の金利)などといって、極めて高い金利で貸金を行う業者のことです。貸金業者が行う貸金の金利に関しては、出資法（正式名称：「出資の受入れ、預り金及び金利等の取締りに関する法律」）において、金融業者は20％が上限とされており、これを超える金利で貸出しを行うことは禁止され、懲役刑を含む刑事罰の対象になるとされています。

　このようにヤミ金融業者の行う貸出しの多くは、刑事罰の対象となるほどの強度の違法性をもった行為であり、そのような貸出しについては、公序良俗（民法90条）に違反して無効であるとする裁判例も数多く存在しています。また、契約が無効であったとしても、無効というのは契約がなかったのと同じ状態に戻るということを意味しますので、ヤミ金融業者から金銭を受け取っていれば、本来これを元に戻さなければならないはずですが、民法は、公序良俗に反するような不法な原因により給付がなされた場合には、その給付の返還を求めることができないと規定しています（民法708条）。これを「不法原因給付」といいますが、最高裁判所も平成20年６月10日判決において、ヤミ金融による貸出しについて、この趣旨のことを述べており、設問の事例においても、ヤミ金融業者の貸付けが行われていたとしても、その貸付けは無効であり、金銭を受け取っていたとしても「不法原因給付」として返還する義務はないとされる可能性が高いと考えられます。

Ⅲ　刑事対応

　以上のとおり、ヤミ金融業者は債権者ですらない可能性が高く、債権者であったとしても、勝手に倉庫の商品を持っていくことは許されません。もし、会社に無断で商品を持ち出すようなことがあれば、それは窃盗罪（刑法235条）に該当しますので、持ち出される前に直ちに110番に連絡してください。

　また、設問の事例のような場面では、書面を持ち出して一筆書かせようと

することがよくあります。これは、自分たちの行為を正当化し、後で民事・刑事の法的責任が追及されるのを防ぐための証拠づくりとして行おうとするものですが、もちろん要求に応じる必要はありません。もし脅迫文言を用いるなどして無理矢理にサインをさせようとしたり、サインをさせた場合には、相手方の行為は強要罪（刑法223条1項）かその未遂罪に該当しますので、これについても直ちに110番に連絡して警察と相談すべきです。

第4章　行政関係での暴力団排除

Q81　暴力団員からの生活保護申請を受理すべきか

> 暴力団員風の男が生活保護を申請してきました。どのように対応するべきでしょうか。

*A*nswer

I　生活保護不正受給

　生活保護の受給資格要件を満たしていないにもかかわらず生活保護費を受給したり、生活保護受給者として法定されている義務を怠りながら不正に生活保護費を受給したり、実際に支給されるべき金額以上の保護費を不正に受給するケースを、生活保護費の不正受給といいます。

　また、暴力団員自身が直接、生活保護費を不正受給することをせず、空き物件などに、実際に生活保護費の受給資格を有する者を共同で住まわせて、住居費、共益費、光水熱費などと称して、生活保護費からピンはねをするという、いわゆる「貧困ビジネス」によって、資金獲得を図っています。

　このように、暴力団をはじめとする反社会的勢力は、生活保護費の受給を、その活動資金獲得方法として利用することがあります。

　生活保護費の不正受給等のために、国や地方公共団体の財政が逼迫し、真に生活保護を必要とする者に保護費が行き渡らなかったり、市民が必要とする公共サービスの提供が受けられなかったりすることにつながりかねません。

Ⅱ 厚生労働省通達

　暴力団員に対する生活保護の適用については、厚生労働省から通知（平成18年3月30日厚生労働省社援保発令第0330002号。以下、「平成18年通知」といいます）が出されています。

　平成18年通知には、暴力団員については、①本来正当に就労できる能力を有するのにそれをしていないこと、②暴力団活動を通じて得られる違法・不当な収入については資産調査等で把握することが困難であり、資産・収入の活用要件を満たしていると判断できないことから、生活保護受給要件を満たさないため、その者の生存が危うい場合その他社会通念上放置しがたいと認められる程度に状況が切迫しているような場合を除き、生活保護の受給は、その申請を却下することとし、受給中に、暴力団員であることが判明した場合にも、保護の廃止を検討することとされています。

　そして、平成18年通知では、申請者が暴力団員であると疑われる場合には、「警察等の関係機関との連携を十分図るとともに、必要に応じ福祉事務所長、査察指導員等幹部職員が直接対応する等、組織を挙げて取り組む必要があり、福祉事務所においては日頃からこのような組織体制の確立に努めること」とされています。

　福祉事務所においては、この方針に従って、暴力団員による不正受給を未然に防ぐよう対策をとる必要があります。

Ⅲ 実際の対応

　平成18年通知に記載のとおり、生活保護の申請者の申立てや態度等から、暴力団員であると疑われる場合には、警察等と連携を十分に図り、地方公共団体としても、組織的に対応する必要があります。

　暴力団員であることが判明した場合には、当該申請者が暴力団員であることを理由として、申請を却下し、すでに受給が開始されている場合には、そ

の者に通知をしたうえで、支給を打ち切る扱いにするべきです。この場合には、不正に受給された生活保護費について返還を求め、また、他の地方公共団体と連携して、その後不正受給がされないよう通知をするなどの対応をとるべきでしょう。

また、暴力団員を辞めたと主張している場合でも慎重な対応を要します。なぜならば、辞めたと言いながら、実際には暴力団員と変わらない活動を続けているような場合も見受けられるからです。したがって、安易に受給を認めるのではなく、警察と連携し、警察からの情報を基に、十分な調査をして見極める必要があるでしょう。

平成18年通知では、絶縁状や誓約書等の提出を要請するなどして、暴力団から離脱させた場合には、当該文書の真偽を警察等に十分に確認したうえで、あらためて生活状況の調査や資産調査を行い、保護の適否を判断することが求められています。

IV　警察との連携

宮崎市が、ある生活保護申請者につき暴力団員に該当すると認定し生活保護申請を却下した行政処分に対して、申請者から取消訴訟を提起されました。

第1審（宮崎地裁平成23年10月3日判決）では、生活保護申請却下処分時に当該申請者が暴力団に所属していたとは認められないことを理由に、宮崎市の処分を取り消す判決をしたことで注目を集めましたが、その後、控訴審において、当該申請者が暴力団組織と結びつきがあることを認定し、当該申請者が高利貸しを営んでいること等から補足性の要件を満たさないとして、原審を破棄し、宮崎市による生活保護申請却下処分を認める判断を示しました（福岡高裁宮崎支部平成24年4月27日判決）。

本件においても、警察情報が生活保護申請者の属性等を確認するために有効に活用されており、暴力団員の疑いがある場合には、地方公共団体による調査のみならず、警察と連携して情報を収集していくことが重要です。

Q82 暴力団員から公営住宅の入居申請があった場合にどのように対処すればよいか

> 暴力団員と思われる人物から、公営住宅の入居申請がありました。どのように対処すればよいでしょうか。また、実際に暴力団員が公営住宅に入居した場合にはどのような対応が可能でしょうか。

*A*nswer

Ⅰ 公営住宅からの暴力団排除の必要性

　公営住宅は、低所得者層を支援するために、多額の税金を投入して建設されたものです。暴力団員が容易に入居できるようになれば、近年の経済状況のためますます入居が困難になっている状況下において、入居を必要とする人に住宅があてがわれなくなるばかりか、税金により暴力団員や暴力団を支援することとなってしまいます。

　また、暴力団員が居住した場合には、抗争による発砲事件に住民が巻き込まれるという危険性が高まるため、こうした状況を排し、住民の安全を確保しなければなりません。

　以上のような理由から、公営住宅から暴力団を排除する必要があるのです。

Ⅱ 国土交通省通達と地方公共団体の取組み

　平成19年4月20日に東京都町田市の都営住宅において、暴力団員による立て籠もり発砲事件が発生したことを受け、国土交通省は、公営住宅における暴力団排除の基本方針を示した通知（平成19年6月1日国土交通省国住備第14号）を出しました。

　各地方自治体は、これを受けて、公営住宅条例を改正し、暴力団員排除規

定を設け、暴力団員と判明した場合の申込者や同居人の入居禁止のほか、居住者に明渡請求ができる排除規定を盛り込み、暴力団員の公営住宅への入居を防止する取組みを行っています。

III 実際の対応

1 入居申込み時に暴力団員である疑いがある場合の対応

入居申込み時に申込者が暴力団員である疑いがある場合にも、申込者の属性を十分に調査しておく必要があります。警察と連携をとり、できる限り確度の高い属性情報を入手したうえで、そもそも入居資格がないと認定できる場合はもちろん、暴力団員であることが判明した場合には、入居決定をしないという対応をとりましょう。

仮に、申込者が、入居できないことに対して、怒鳴り込んできたり、職員に執拗に詰め寄ったりするようなことがあったとしても、毅然とした対応をとり、入居資格要件を満たさないので入居はできない旨明確に伝えるようにしましょう。このときも、担当職員だけに任せるのではなく、複数で対応するようにしましょう。

市役所の施設内に座り込んだり、職務を妨害したりするような行為に及んだ場合には、庁舎からの退去を求めたうえで、直ちに警察に連絡して対応するようにします。

2 入居後、暴力団員と判明した場合の対応

入居した後に、暴力団員に該当することが判明した場合には、どのような対応をとることができるのでしょうか。

前記のように、各地方自治体の公営住宅条例において、入居者が暴力団員であることが判明した場合に、当該地方自治体の長が、当該入居者に対して、明渡請求ができると規定されていることがあり、同条例に基づいて明渡請求を行うことが考えられます。たとえば、東京都営住宅条例においては、入居者が、「暴力団員であることが判明したとき（同居する者が該当する場合を含

む。)」、知事は、使用者に対し使用許可を取り消し、住宅の明渡しを請求することができることが規定されています（東京都営住宅条例39条1項6号）。

　仮に、条例上、暴力団排除規定が設けられていない場合でも、暴力団員でないと偽って入居したような不正入居がなされた事実が判明した場合や、公営住宅を暴力団事務所として第三者に転貸したような場合には、地方公共団体は、入居者に対して明渡請求をすることができます（公営住宅法32条1項）。また、不法・不当行為等により他の入居者の生活妨害等の行為を行った場合には、公営住宅条例上の迷惑行為禁止規定などにより明渡請求をすることが考えられます。

Q83　暴力団員からの公共工事の指名入札に関する強要に応じてよいか

> 風体の悪い人物から、市の公共工事の指名入札業者Ａについて談合にかかわるなど問題がある業者であるから、指名業者の取消しをし、代わりにＢを指名入札業者にしろと要求されています。どのように対応するべきでしょうか。

Answer

Ⅰ　指名入札業者の選定および取消し

指名競争入札とは、特定の条件により発注者側が指名した者同士で競争に付して契約者を決める方式をいいます。

公共工事の指名入札業者になるには、指名競争入札参加資格の審査を申請したうえで、各地方公共団体において定められた審査基準を満たした場合に、公共工事の指名入札業者として選定されることとなります。

逆に当該地方公共団体において定められた参加資格の取消事由に該当した場合に、指名入札業者としての資格を取り消されることとなります。

Ⅱ　指名取消しや指名入札業者としての参入要求への対応

1　公共事業の入札および契約の適正化

「公共事業の入札及び契約の適正化の促進に関する法律」の制定を受けて、平成13年に「公共事業の入札及び契約の適正化を図るための措置に関する指針」が閣議決定を経て公表されました。本指針の中において、暴力団関係企業の公共工事からの排除の徹底、暴力団員等による公共工事への不当介入があった場合の警察との連携などが提唱されています。

また、近時制定された各都道府県の暴力団排除条例においても、公共工事

等に関して都道府県が締結する契約につき、その相手方が暴力団関係者でないことを確認するなど、暴力団関係者の関与を防止するために必要な措置を講じることを各都道府県に義務づけ、公共事業に関する契約から暴力団関係者を排除するための要綱が設けられる等の対策が講じられています。

本設問のような要求に応じて、暴力団をはじめとする反社会的勢力が、公共工事に介入してくることを防止しなければなりません。

2 要求の拒絶

前記のとおり、指名入札業者の選定は、建設業の許可を受けた業者が、参加資格の審査を申請し、地方公共団体の審査を受けるという一定の手続を経たうえで、審査基準を満たした場合になされるものであり、個人や特定の団体の要求に従って決定されるものではありません。そのような要求により決定されてしまえば、多額の税金を投入して行われる公共工事の公平性、公正性が害されることになります。

また、指名入札業者としての資格の取消しについても、同様のことがいえます。

したがって、そのような要求がなされたとしても、全く応じる必要はなく、毅然とした態度で要求を拒否しなければいけません。Aの指名取消しについては、市が法令等に基づいて判断することであるということ、Bが指名入札業者として選定されたいのであれば、参加申請をし、正規の手続をとること、申請をしたとしても審査基準を満たさなければ選定されないことを明確に伝え、それ以上のことを回答する必要はありません。

3 中止命令の活用

それでも執拗に要求行為が続く場合には、どのような対処法があるのでしょうか。

暴力団対策法によって、指定暴力団員がその威力を示して、①行政庁に対して、特定の者について法令で定められた不利益処分の要件に該当する事由がないのに、不利益処分をすることを要求する行為（暴力団対策法9条16号

（平成24年改正法では22号）後段）、②国や地方公共団体に対して、公共工事の入札参加資格がないにもかかわらず、入札参加を要求し、または、入札資格がある者について入札参加させないことを要求する行為（同項17号・18号（平成24年改正法では23号・24号））を暴力的要求行為として規制されています（Q27参照）。

　したがって、執拗な要求が継続し、要求している者が指定暴力団員であることが判明した場合には、警察に相談し、中止命令を出してもらうことを検討するべきでしょう。

4　刑事立件の活用

　要求が続く場合でも、相手方が指定暴力団員でない場合には、中止命令を活用することはできません。

　脅迫的言辞を用いて要求行為をしてきたような場合には、警察と相談し、職務強要罪（刑法95条2項）などによる刑事立件を検討するべきでしょう。

Q84　復興事業への暴力団の参入を防止する方策はあるか

　震災などの大災害の被災地での復興事業にも暴力団が参入してくると聞きます。町の復興に一役買ってくれるのであれば、むしろありがたいように思うのですが、どのような問題があるのでしょうか。問題があるとすれば、参入を防止する方策はありますか。

Answer

I　復興活動への暴力団の参入

　震災や大型台風などにみられるような大規模災害が発生した場合、がれき処理や道路・河川等の整備、半壊建物の解体、新しい建造物の建設など復興事業が必要となります。災害の規模が大きくなれば、その分多額の費用がかかることはもちろん、復興地域を管轄する地方公共団体およびその地域の民間業者だけでは対応しきれないため、被災地外の地域から多くの人員を呼び込む必要が生じます。そこに、暴力団など反社会的勢力と関係する業者が土木・解体・建設業の下請けあるいは違法な人夫出しをして参入してくることが考えられます。すでに、平成23年3月11日に発生した東日本大震災の復興作業現場において、暴力団等が参入、関与していることが新聞等でも報道されています。

　少しでも早く町が復興し、元の生活を取り戻すことができるなら、工事等に参加する者の属性など関係なく、できる限り多くの業者が参加して、復興事業を前進させてほしいと考えるかもしれません。

　しかし、暴力団等の反社会的勢力が復興事業に際して不当な経済活動を行い、地域住民の利益を損なう可能性があります。また、暴力団やその関連企業が、復興事業に参入すれば、そのために支出される税金をはじめとする多

額の資金が、暴力団に流入することになり、活動資金として利用されることとなってしまいます。したがって、復興事業自体が正当なものであったとしても、暴力団等の反社会的勢力の活動を助長する可能性があり、決して是認されるべきことではないのです。

II 対策

1 暴力団排除協議会

復興事業においても、その工事の発注について、一般競争入札あるいは指名競争入札がなされ、復興地域の内外からさまざまな業者が参入してくることが考えられます。この中に、暴力団等関係企業が参入してくることを防止することを検討しなければなりません。

地方公共団体が暴力団排除条例に基づいて、公共事業の各契約に関して暴力団排除のための要綱や基準を設けるほかに、個々の復興プロジェクトごとに、あるいは地方公共団体において、暴力団排除協議会を設置することによる対応が考えられます。

2 具体的な対応

具体的には、地方公共団体、警察、民間業者、および弁護士によって協議会を構成して、定期的に情報交換会等を開催し、暴力団排除に関する情報を共有するとともに、事業者間で顔が見える関係を築いておくようにすることが考えられます。復興事業が進み作業工程が変われば、参入業者が変わることが考えられますので、その際にも、あらためて情報交換会を開催するなど、暴力団排除の意識を浸透させることが重要になります。

また、暴力団等から工事への不当な参入要求がなされたり、現場での各種の調達（弁当調達や自動販売機の設置など）について暴力団等が関与してきたりした場合の相談窓口を明確にして、連携を強化しておく必要があります。

加えて、復興事業対象地の住民等にも、協議会が復興事業の概要等について十分に説明をして、事業に対して理解を得ておくことで、住民らの不満を

口実にした不当要求がなされることを未然に防ぐこと等も検討しておくべきでしょう。

　他の地域に所在する業者が参入してくることも考えられますので、他県の地方公共団体や警察とも関係を緊密にして、暴力団等と関係する業者の参入を防ぐべく連絡を取り合うことも必要になってきます。

　元請業者をはじめとする参入業者に対しては、工事を下請けに出す場合には、警察等から情報を収集して、怪しい業者とは契約を締結しないことを徹底させ、また、暴力団排除条項を導入したうえで契約を締結させることはもちろん、暴力団等に該当しないことを表明した表明確約書の差入れを徴求するなど、暴力団関係者であることが判明した時点で、直ちに契約解除できるような体制を築くよう指導を徹底しましょう。

＜執筆者一覧＞

有賀　隆之（ありが・たかゆき）

　1995年早稲田大学法学部卒業、1998年弁護士登録、虎門中央法律事務所に入所し、現在に至る。

　主な著書、論文として『Ｑ＆Ａ不動産競売の実務』（共著、新日本法規出版・2000年）、「担保不動産収益執行の現状と課題」事業再生と債権管理122号（金融財政事情研究会・2008年）、「反社会的勢力への対応Ｑ＆Ａ」市民と法74号（民事法研究会・2012年）等。

初瀬　貴（はつせ・たかし）

　2001年一橋大学法学部卒業、2002年弁護士登録、虎門中央法律事務所に入所し、現在に至る。

　主な著書、論文として『実務解説　信託法Ｑ＆Ａ』（共著、ぎょうせい・2008年）、「Ｑ＆Ａ法務　債権者の利益を損ねる会社分割と詐害行為取消」商工ジャーナル437号（商工中金経済研究所・2011年）、「反社会的勢力への対応Ｑ＆Ａ」市民と法74号（民事法研究会・2012年）等。

荒井　隆男（あらい・たかお）

　1999年早稲田大学法学部卒業、2006年弁護士登録、虎門中央法律事務所に入所し、現在に至る。

　主な著書・論文として『暴力団排除と企業対応の実務』（共著、商事法務・2011年）、「取引先が反社勢力と判明した場合の対応策～関係遮断をいかにすべきか～」ビジネス法務2011年6月号（中央経済社・2011年）、「反社会的勢

力排除へ向けた法律事務所の取組み」市民と法74号（民事法研究会・2012年）等。

塗師　純子（ぬし・じゅんこ）

　1992年東京大学大学院人文科学研究課程修了、同年警察庁入庁、1999年ハーバード大学ケネディスクール修了、2006年警察庁退職を経て、2007年弁護士登録、虎門中央法律事務所に入所し、現在に至る。

　主な著書・論文として、「反社会的勢力への対応Q＆A」市民と法74号（民事法研究会・2012年）。

松浦　賢輔（まつうら・けんすけ）

　2005年東京大学法学部卒業、2007年東京大学法科大学院修了、2010年弁護士登録、虎門中央法律事務所に入所し、現在に至る。

　主な著書・論文として、『暴力団排除と企業対応の実務』（共著、商事法務・2011年）、「反社会的勢力への対応Q＆A」市民と法74号（民事法研究会・2012年）。

暴力団排除条例で変わる市民生活

平成24年10月29日　第1刷発行

定価　本体 2,400円（税別）

編　者　虎門中央法律事務所
発　行　株式会社　民事法研究会
印　刷　株式会社　太平印刷社

発行所　株式会社　民事法研究会
　　　　〒150-0013　東京都渋谷区恵比寿3-7-16
　　　　〔営業〕TEL 03 (5798) 7257　FAX 03 (5798) 7258
　　　　〔編集〕TEL 03 (5798) 7277　FAX 03 (5798) 7278
　　　　http://www.minjiho.com/　　info@minjiho.com

組版／民事法研究会　　カバーデザイン／鈴木　弘
落丁・乱丁はおとりかえします。ISBN978-4-89628-818-6 C0032 ￥2400E

■仮処分の効果的活用こそ反社会的勢力対応の基本！

仮処分を活用した反社会的勢力対応の実務と書式
―不当要求行為への実践対策―

埼玉弁護士会民事介入暴力対策委員会 編

A5判・454頁・定価 4,200円（税込 本体価格 4,000円）

本書の特色と狙い

- ▶全国で実際に起こった事件を基にしたケースを多数掲載し、効果的な受任通知や仮処分、内容証明、訴訟等を活用した対応策を具体的に紹介！
- ▶より巧妙化する反社会的勢力による不当要求行為に対処するための基本的知識から実践的対応策までを書式と一体として詳解！
- ▶事例検討と書式を豊富に収録しているため、実務に即活用できる
- ▶反社会的勢力に対峙する弁護士、企業法務担当者、行政担当者必読の書！

本書の主要内容

第1部 基礎理論編
　第1章　総論
　第2章　民暴事件の対応の基礎（相談業務）
　第3章　民暴事件受任後の対応
　第4章　内容証明郵便の作成方法
　第5章　仮処分制度の活用
　第6章　仮処分後の対応（本案訴訟等）
　第7章　反社勢力に対する最近の動向

第2部　実践編
　序　章　第2部の狙いと活用の仕方
　第1章　内容証明便を活用した対応
　第2章　仮処分の申立てによる対応
　　第1節　街宣行為差止めの仮処分
　　第2節　迷惑電話家電禁止、面接強要禁止、立入禁止等の仮処分
　　第3節　その他の迷惑行為・不当行為禁止の仮処分
　第3章　訴訟等の活用による対応
　第4章　その他の方法による対応

発行 民事法研究会

〒150-0013　東京都渋谷区恵比寿3-7-16
（営業）TEL. 03-5798-7257　FAX. 03-5798-7258
http://www.minjiho.com/　info@minjiho.com

■物件明細書の標準化等最新の情報を踏まえて改訂！■

安心できる
競売物件の見方・買い方
〔第5版〕
―― 危ない物件の見分け方 ――

競売実務研究会　編

A5判・404頁・定価　3,465円（税込　本体3,300円）

▷▷▷▷▷▷▷▷▷▷▷▷▷▷▷▷▷▷▷ **本書の特色と狙い** ◁◁◁◁◁◁◁◁◁◁◁◁◁◁◁◁◁◁◁

▶物件明細書の標準化、登記所全面オンライン指定庁化等最新の情報を収録した改訂版！　各種書式例、記載例を大幅にアップデート！
▶競売実務の現場を長年にわたり経験してきた著者による、正確でわかりやすいガイドブック！
▶一般の方々が競売物件を購入する場合の各種書類の見方から現地の調査方法、実際に入札をする手続の仕方までを、豊富な図表・書式例・記載例や登記事項証明書などの現物を示しながら具体的に教示する実践的な手引書！
▶後日、トラブルになりやすい危ない物件の見分け方から、購入物件の不法占有者に対する引渡手続までを法律知識にうとい市民にも容易に理解できるように詳解！

　　　　　　　　　　　　　　　　　本書の主要内容

　　序　章　不動産の競売物件は誰でも安心して購入できる物件か
　　第1章　不動産の競売手続について
　　第2章　不動産競売物件は誰でも購入できるのか
　　第3章　競売物件の資料について
　　第4章　競売物件購入申込手続について
　　第5章　代金納付手続について
　　第6章　競売物件購入後の手続について

発行　民事法研究会

〒150-0013　東京都渋谷区恵比寿3-7-16
（営業）TEL. 03-5798-7257　FAX. 03-5798-7258
http://www.minjiho.com/　info@minjiho.com